U0611300

人文中国系列
RENWEN ZHONGGUO

RENWEN GAO YAO
BOOK
广东旅游出版社
GUANGDONG TRAVEL AND TOURISM PRESS
人文高要
陈以良 主编

图书在版编目（CIP）数据

人文高要 / 陈以良主编. -- 广州：广东旅游出版社，2011.12
ISBN 978-7-80766-342-3

Ⅰ.①人… Ⅱ.①陈… Ⅲ.①文化史-高要市 Ⅳ.①K296.54

中国版本图书馆CIP数据核字(2011)第235882号

协调统筹：黄京康
策划编辑：江丽芝
责任编辑：江丽芝
封面设计：何　阳
美术编辑：邓传志
责任技编：刘振华
责任校对：李瑞苑

本书图片由高要市委宣传部、“寻找最美高要”摄影大赛组委会、高要市文学艺术界联合会、高要市新闻中心、高要市摄影协会提供。

主要摄影作者：林新标、陈国森、苏科伟、陈焕明、李金泉、黎家淦、徐晓东、徐小明。

感谢高要市文学艺术界联合会的辛勤付出。

广东旅游出版社出版发行
（广州市中山一路30号之一　邮编：510600）
邮购电话：020-87347994
广东旅游出版社图书网
www.tourpress.cn
广州市岭美彩印有限公司印刷
（广州市荔湾区花地大道南海南工商贸区A幢）
720毫米×990毫米　16开　12印张　80千字
2011年12月第 1 版第 1 次印刷
印数：1-6000册
定价：38.00元

《人文高要》编辑委员会

目录 CONTENTS

人文高要

寻幽探胜/117

红色印记/151

风土漫谈/155

乡野拾遗/173

风物细语/185

仁義里
接喜仁龍

龍公祖廟

福
毓秀坊
出入平安
樹上鳥語報春晖
橋面銀珠添錦秀

龍公祖廟

高要人文景点示意图

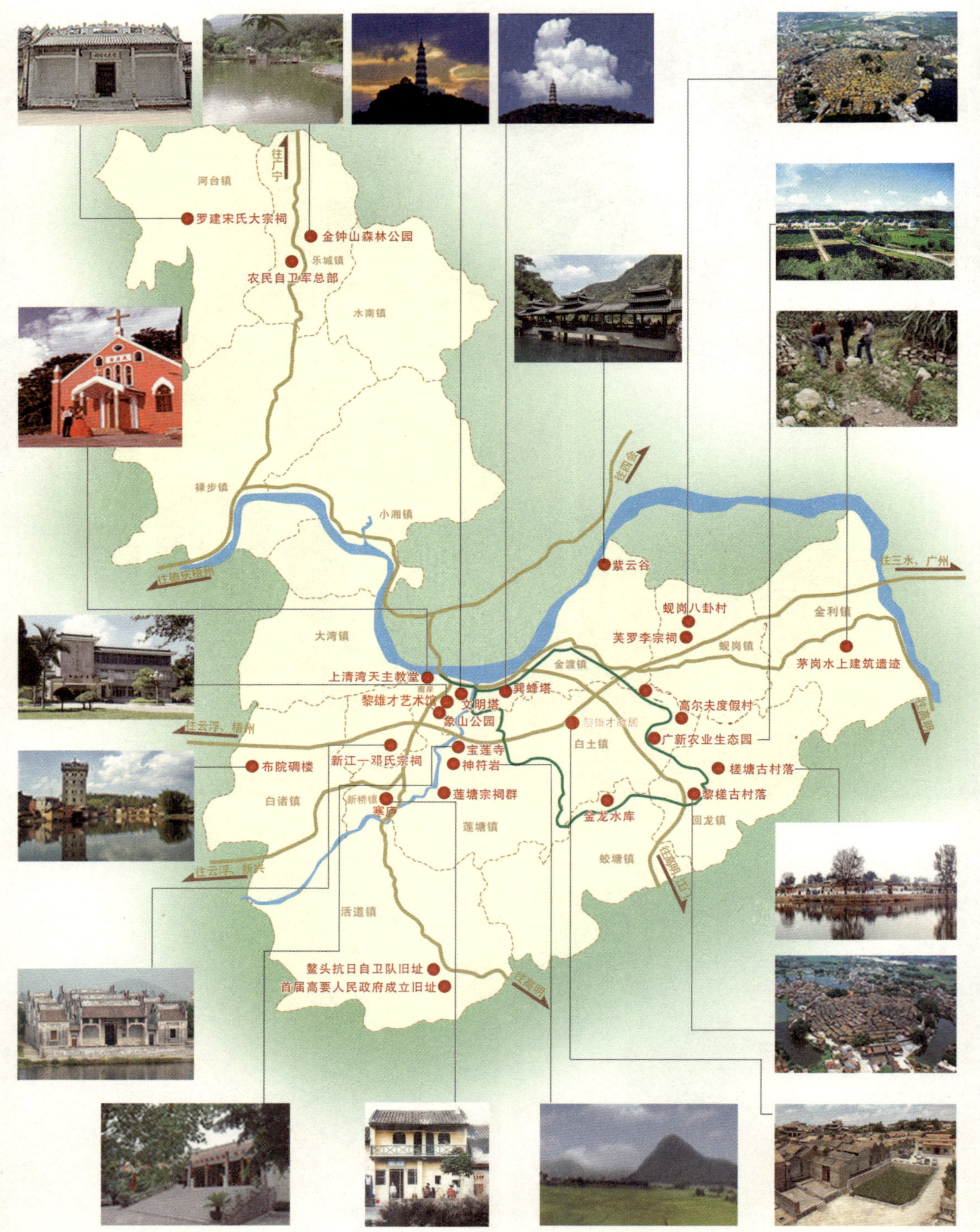

往广宁
河台镇
罗建宋氏大宗祠
金钟山森林公园
乐城镇
农民自卫军总部
水南镇
往四会
禄步镇
小湘镇
往德庆梧州
紫云谷
往三水、广州
蚬岗八卦村
金利镇
芙罗李宗祠
蚬岗镇
大湾镇
茅岗水上建筑遗迹
上清湾天主教堂
金渡镇
黎雄才艺术馆
文明塔
巽峰塔
高尔夫度假村
象山公园
黎雄才故居
往高明
往云浮、梧州
广新农业生态园
白土镇
宝莲寺
新江一邓氏宗祠
布院碉楼
神符岩
槎塘古村落
白诸镇
新桥镇
莲塘宗祠群
黎槎古村落
寨岗
金龙水库
莲塘镇
回龙镇
蛟塘镇
往高明、江门
往云浮、新兴
活道镇
鳌头抗日自卫队旧址
首届高要人民政府成立旧址
往高明

漫步高要

不论是走在街头巷尾，还是往返于田垄山间，风中雨里总写意出一种厚重与轻灵，一种古典与时尚，一种自然与人文。

以生命的自我实现方式，放开束缚；以天地的无私包容理由，放逐心灵；以岁月的利他沉淀名义，放飞憧憬……整天被城市喧嚣包围、被网络繁芜浸染的人们，如我，不由地时时选择远足，常常选择高要。

远足，只是为了更深入地亲近；远足，只是为了更深刻地记取；远足，只是为了更深情地抒写。在近2200平方公里的辽阔幅员上放慢呼吸，在2200余年的漫长建制历史中放缓旋律，这是一种怎样的物我相忘？这是一种怎样的天元守一？原来，生活真是一种慢心情，社会真是一种慢道理啊！

漫步高要，不论是用双脚，还是用纸笔或键盘，不论是走在街头巷尾，还是往返于田垄山间，风中雨里总写意出一种厚重与轻灵，一种古典与时尚，一种自然与人文。寻觅千年踪迹，多少风雅于斑驳中翻出；走访四方乡野，多少风物于细语中灵现；寄情山水田园，多少风情于幽胜中踟蹰；拾遗习俗传说，多少风土在神奇中鲜活；浏览历史名人，多少风流在岁月中传唱。内敛中开放，谦卑中张扬，高要啊，不愧为岭南宝地，不愧是人间绝响。

人文高要

高要一江两岸

高要，还是一个词语一种语法。词语，需要出处，需要释义，可以选遣，可以造句；语法，讲究逻辑，讲究规整，追求质朴，追求平实。“高要”，出自羚羊峡居高扼要之势，意寓：峡山高峻，伟男一样果敢；峡水如腰，处子一样柔媚。它被峡内峡外的人们滋养得红光满面，得意得春风百度。“高要”这词，不管是在南越王赵佗的手中，还是在汉武帝刘彻的麾下、宋徽宗赵佶的笔端，甚至在明桂王朱由榔的梦里，都丰腴得起历史的承启转合，绮丽得住岁月的物换星移。而“高要”这种语法，既顺应朝代更迭的句意，又坚守政治流程的道统，繁华在修饰处，素简在限制时，逶迤在补充中。高要，词语练达，语法得当。

高要，更是一篇宏构一种修辞。高要取一条似玉飘带，匠意绾南北；用一支如椽大笔，精心谱春秋。它是一座美轮美奂的历史宫殿，藏珍馐于岁月之陛前，蕴文韵于四野之兀地，物华千载，人杰古今。它取譬于西江之水端溪之云，拟人于烂柯之石飞天之瀑，将古塔、古石刻、古遗址、古学宫、古村落、古祠堂、古庙宇、古书院、古碉楼排比在天地之间，将石头和尚、邓斌、彭泰来、苏廷魁、冯誉骥、余汉谋、梁寒操、邓兆祥、黎雄才等名人镶嵌在历史的门楣之上，通感无限风光，粘连不同风情，骈散结合，刚柔相济，一气呵成。高要，是一篇千秋美文。

漫步高要，轻轻地，缓缓地。踏着碎步，踩响的，或许还是历史的蛰音；屏气凝神，惊醒的，无非就是文化的酣梦。现实的路上，总有一种久远而熟悉的召唤，让我们幸福前行：

走，跟着这梦，追梦去！

利贞堂

解读古郡

解读古郡高要2000多年的复杂历史变迁，只需记住「先有高要，后有端州，再有肇庆」。

历史往往很缠绵很纠结，历史常常厘不清也无需厘得太清。对于高要古郡2000多年来历史的复杂变迁，现实中的我们，无需纲举目张、条分缕析，只需陈言务去，记住“先有高要，后有端州，再有肇庆”即可，只需沿着这条风光无限的曲径，慢慢回溯解读就行。

高要，存有着古拙的史器

金利镇茅岗石路村的干栏式水上木构建筑，标志着高要西江沿岸已经从母系氏族公社过渡到父系氏族公社；出土于北岭松山的战国墓及有关的铜器，表明古代高要深受楚文化的影响。这些都显露了高要文化所传承的精华，早已成为了异彩纷呈的珠江文化和肇庆文化的一部分。

高要，沿袭着古远的建制

高要在2000多年的历史长河中，尽管行政区划和隶属更替不断，但是县名却从来没有变更过。汉武帝元鼎六年（公元前111年）始置高要县，隶属苍梧郡。梁武帝天监六年（507年），置高要郡并建广州都督府，府治设在高要。至隋朝开皇九年（589年），废除高要郡，建置端州，州治设在高要，这

高要城区

是高要称“端州”之始。大业三年（607年），改端州为信安郡，郡治仍设于高要。至唐朝武德五年（622年），重置端州，辖高要、平兴两县。唐贞观元年（627年），分全国为十个道，端州隶属岭南道。天宝元年（742年），改端州为高要郡，乾元元年（758年），又复端州，省去高要郡，之后，经五代历南汉，均沿唐制。宋、元、明、清时期，高要的行政区划又出现频繁交替。北宋开宝五年（972年），将平兴县划归高要。至道三年（997年），把全国分为十五路，广南路一分为二：广南东路和广南西路，端州（包括高要）隶属广南东路（广东之名自此始）。元符三年（1100年）正月，赵佶登位为宋徽宗。十月，他把在王储时的封地端州划为兴庆军。到了重和元年（1118年）十月，改兴庆府为肇庆府，驻所不变，仍设在高要，肇庆之名因此而得，沿用至今。到元朝至元十六年（1279年），改肇庆府为肇庆路，管治高要。而到明朝洪武元年（1368年）行新建制，撤销肇庆路，恢复肇庆府，府治仍为高要。明嘉靖五年（1526年）五月，划高要东境置三水县，隶属广州府。嘉靖四十三年（1564年）设两广提督府于肇庆（遗址于今肇庆市政府内），至清乾隆十一年（1746年）迁往广州，为时182年之久。辛亥革命后，府制撤销，高要初属粤海道。之后，先后隶属西区善后委员公署、西北区绥靖委员公署等。中华人民共和国成立后，先后成为西江行政督察专署、西江区专署、高要专区、江门专区、肇庆专区、肇庆地区行署办公所在地。直至1988年3月肇庆地区改为地级市建制，高要随即属肇庆市所辖，5月将县城迁至与肇庆隔江相望的南岸镇，高要行政中心离开肇庆城区。1993年9月28日，高要撤县设市，为肇庆市所辖。枯燥陈述中充满着生动，纷繁更迭中浮掠出光影，时而铜琶铁板唱大江东去，时而兔笔狼毫描北雁南飞，高要古老的历史里，一直都荡漾着铮铮侠风和清香柔情。

庆灯节

高要，延续着古朴的传说

居高扼要处，有羚羊跳峡；积水成渊时，见蛟龙回塘。“双猪叠塔”，寄予着童真的神秘美好；“渔翁撒网”，打捞住没漂远的风生水起；“望夫归”，守护着有情妻子的千年凄美；“斑鱼田”，诉说着悲悯老父的膝下失落……真可谓是：17镇有17镇的陈述，南岸街有南岸街的思量。传说，让想象展翅，让岁月留痕，让细节永恒。传说，是历史不事张扬的绯闻。古朴而神奇的传说，是高要地方文化的又一命根。

高要，藏掖着古典的诗意

原心原迹，那巍巍的山，那潺潺的水，那蓬勃的风，那炊烟依旧缭绕的村落，无不“欸乃”着《诗经》、《楚辞》的浓郁气息。更不用说一割便“元毫促点声静新”的紫云，本身就是供汉赋晋字在其方寸润盘里纵横捭阖的载体。就是那汁正味浓的广信方言，也还躲在一旁，押着唐诗的韵，和着宋词的律，低吟明清的月色星光，浅唱当今的凤兮求凰。高要的诗意，让层林尽染，让古典装点。

西江夕照

槎塘古韵

高要，大写着古雅的名字

岭树遮不住江流，历史从来由人民书写。千百年来，高要编辑出一个个古雅的名字：稻田里辛勤劳作的老农，官道上来往的商贾，朝堂上进言的官员，孤灯下苦读的学子……至于金渡、蚬岗、回龙、白诸、活道等一个个飞扬着鲜活面容的地方，石头和尚、梁寒操、黎雄才等一串串岁月带不走的熟悉的姓名，无不因高要而古雅而高贵。

“千年古郡辉拥南粤，百代风华誉称西江。”高要是一首雄浑而婉约的千年史诗，主题美丽神奇，情节跌宕迷离，人物俊杰，韵律和谐。擎着文化火把的高要，必将继续照亮社会历史的大地前方，绚烂新时代物质文明、精神文明和政治文明浩然长空……

千年寻踪

风雅从古迹开始，是谁也不想、谁也不能、谁也不敢改变的千年成规。水上古遗址，袅袅升起石器时代不灭的烟火；岸边古村落，沧桑续写经年不老的传奇；塘中古碉楼，娓娓诉说曾经无限的荣光。朗晴古书院，文秀百载；霖霂古祠堂，功荫千年。还有那巍巍古塔，直耸南天；古寺教堂，璧合中外。

挥不去幽幽古风，写不尽依依古意，释不稀浓浓古奥……

遗址古村，不老传说

何时惠风
吹低深巷无眠的绮户
谁家闲犬
吠圆村外高悬的秋月
比白茅更硬的历史之笔
从不偏离正题
比流行歌曲更近的方言
一直落地有声

茅岗建筑遗址：立水而居乃伊人

无需掸落满心期待的疲惫，无需打开记忆尘封的巨伞，无需推敲历史虚掩的木门，就这样简易地来到了依旧葱茏的茅岗山脚下，走进了微雨氤氲的水边，走进了《诗经》斑驳的时光中，走进了广东近江河最大一处先秦时期水上木结构建筑遗址——茅岗建筑遗址，水淋淋而悠远久违的回眸。

茅岗建筑遗址是广东近江河最大一处先秦时期水上木结构建筑遗址，也是疍家发祥地。遗址原居民应为鱼疍或蚝疍。

出土的石斧、石锛

史影见于器

1000米长的聚落，20000多平方米的面积，10万平方米的占地，足见遗址区域之宽广；4000多条有凿榫的木柱被挖出，4.5～5米厚的文化层被考据，足见干栏式水上木结构建筑规模之恢宏；饰有绳纹、方格纹、复线方格纹、叶脉纹、水波纹、乳丁（鳖甲）纹、曲折纹、雷纹等陶器，类为斧、锛、凿、镞、球、璜、环、芯、戈等石器和锥、梭、镞、环、玦等骨器，足见劳作之智慧与艺术之飞翔；大量贝壳及动物遗骸，以及草编织品残片和山枣、白果、乌榄、青榄之核，足见弯船煮蚬、采集狩猎有其时；炭化木头年逾4070载，文化遗物不下3500年，足见石器时代人类立水而居的原始浪漫。历史的长河啊，一路奔腾不息，一直都有粼粼波光，荡漾在夹岸桃花灼灼其华的脸上，一直都有落雁沉沙，淤积在昨日时光敞开诗意的出口，等待与无限想象一齐飞扬。

立水而居，千年一梦

茅羽如雪，思绪翻飞如潮。不见了当年或苍苍或萋萋或采采的蒹葭，不见了那位宛在水中央、宛在水中坻、宛在水中沚的迎面“伊人”。面对遗址周围的芦苇浩荡，我不由猜想：在云蒸沧海、雨润桑田的时代，是怎样的一双如玉柔荑让孟浪男子心喜诱之，并在手忙脚乱中用洁白、温软而柔顺的白茅束捆倒毙原野的一只只麇鹿？是怎样的一位柔媚女子，在青草茫茫的山路旁，神情忧伤地站在那株团簇的卷耳边上，拉开思念之弓，让神秘永远的爱之箭射向曾经“总角丱兮”，经年后“婉兮娈兮”、“突而弁兮”的梦中少年？岁月不用催，可是弯腰扶风刹那间，我不禁想问：那一朵不肯回家的云和那一绾多情的忧伤还在吗？世上有弱水三千，谁是我前世今生唯一的那一匝？

眼前莠草依稀，不择地而生，不择水而居，骄骄而桀桀。谁能料到，这毫不起眼的狗尾巴草，竟然是粟的祖先？被阳光以最轻的力托起苍凉，山依然青青，水依然碧碧，谁还怀疑，所谓伊人，不是从《诗经》溯江而上的“疍民”先祖？

站在茫茫苍苍的西围水畔，看着眼前的斑驳遗迹，我不由从现实漫溯古远，又在古远想念伊人，不由任思绪回到阔别已久的故园，不由想起欧阳修父母墓柱上的那副对联：“千表不磨从国范，古坟犹带荻花香。”尽管我即将离开这芳草萋萋、荻花白白的遗址，重新回到久居的城里闹市，但此行中像雾像云又像烟一样从心底慢慢升腾起来的那种清净、清明、清澈而悠然、荡然之感，必定会稀释甚至融化自己日后可能的恍惚、烦躁和向往。

茅岗水上木结构建筑遗址

人文高要

坑尾村：雄才故里古韵香

在高要众村落中，白土镇坑尾村，无疑是一轴古色古香的泼墨田园画。走进此村，一股浓郁的文化气息扑面而来，仿佛走进了一幅历史的画卷，一墩低矮的土墙，一条狭窄的小巷，一扇斑驳的柴扉，一句南音北韵的方言……似乎都让人一伸手就触摸到历史。它的文化底蕴，它的建筑风格，它的历史气息，倏忽间便让浮躁之心渐渐地平和下来，淡定下去。

千年村落，苍翠古榕

坑尾村，因村民居住的地方位于坑的末端而名。据史料记载，从北宋时期开始，黎氏村民就在坑尾定居，至今已过悠悠千载。几十间中国传统递进式的大屋横直有序地顺坑而建，形成一个古色古香的岭南建筑群。

村前有一棵古榕树，虽已有两三百年树龄，但依然生机盎然、绿叶婆娑。晨曦和傍晚时分，各种鸟儿常常停栖在村前村后数棵同样高龄的古榕树上，唧唧喳喳地唱个不停，俨然成了鸟的天堂。据有关资料记载，这儿曾出现过一幅万燕云集的壮观景象：1999年10月21日上午9时左右，成千上万只燕子在坑尾村上空滑翔、盘旋，自远及近，迅疾、轻盈地停栖在村前那棵古榕树上，顿时古榕树上每一个枝头都变得热闹起来。这历时半个小时的场面，蔚为壮观。

坑尾村全貌

古榕树前有5个水清如镜的池塘，它们随坑错落，在日光下，与前后左右的景物交相辉映，美不胜收。村里人戏称这5个池塘为“金木水火土”和“心肝脾肺肾”。此五行、五脏之喻，何其贴切，何其传神!

精神爝火，由文化点燃

拾级迈进村中门楼“兴仁里”，一股景仰之情油然而生。门楼是一家一户的总通道，又是族人的门面。门楼梁脊的飞檐腾空而起，十分气派。村民自豪地介绍，朱砂石作底墙的大门楼有上下两个开阔的地方，叫滩池。明清时期，这里的滩池是用作标榜村内书生“今朝高中”之用，一旦村里有书生高中进士等功名就会在滩池的右侧竖立一根石刻的碑柱。

父子八贡

在古建筑群里，有一条巷子名为青云巷，青云即解作“平步青云，官运亨通”之意。在巷子的右面有一间挂着“郎官第”牌匾的大宅，结构为三进院落。在古朴、大气的院落里，我聆听了“父子八贡”的故事：在清康熙至乾隆年间，坑尾村黎永春父子八人一同上京参加科考，被授封为“父子八贡”。如今，在这间大宅里还保存着3幅珍贵的名画：黎展海、黎永秋以及黎永秋的妻子穿着清代官服的画像。其画工精细，极有研究价值。

漫步幽巷，每一幢古屋民居，甚至废墟遗址都留下了历史的影子，都是一幅精致画图。清初粤西首富黎禧癸故居老崇间、村中子弟勤读诗书的怡和堂书屋……不同年代的古建筑，不约而同地体现出坑尾村人亦道亦儒、亦官亦商的文化品位。据《高要县志》记载，自元朝开始，从坑尾村走出去或有渊源关系的名人名家共有33位之多。

兴仁里门楼

雄才故里，广东名村

《白云深处清猿啼》

一代国画大师黎雄才就是坑尾村人。因父亲黎廷俊擅长绘画，使黎雄才自幼受到艺术的熏陶，后从师高剑父，入“春睡画院”学习。黎雄才擅画巨幅山水，精于花鸟草虫，画作气势浑厚，自具风貌。黎雄才故居始建于清代，位于村子中心，坐北向南，为砖木结构的三间两廊合院式建筑，占地近200平方米。村中老人说，黎雄才祖祖辈辈都在这里生活，直到他三四岁时，一家人才搬离祖屋。20世纪90年代初，正值清明时分，黎雄才在儿子等人的陪同下，曾回到黎家祖堂拜祭。年届90高龄的他还特意请来坑尾村的老人家和村干部，在村委会办公室叙旧聊

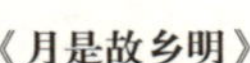
《月是故乡明》

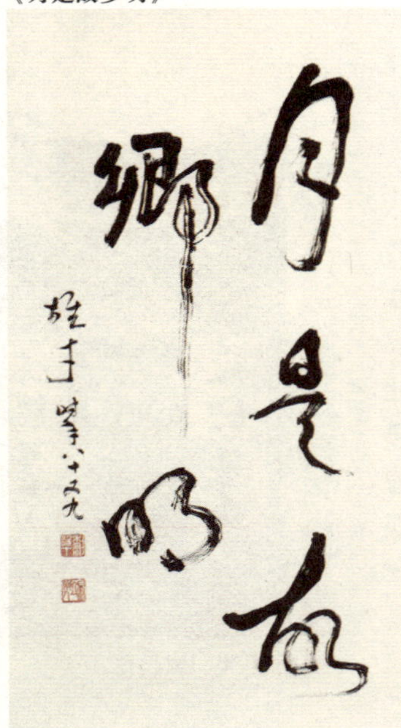

天。当时，黎雄才谈兴甚浓，从自己的童年生活到乡亲的逸事趣事，从旧时的民俗民情到今日的经济建设，都娓娓道来。

听村民说，坑尾村正在大力推进“雄才故里”名村建设，并将成为高要市的一张重要名片。一个体现“历史文化村、建筑文化村、特色文化产业村、旅游文化村”等内涵的广东名村正在成为现实。

一条条小巷，纤长幽静。在坑尾村一路看、一路听、一路想，恍惚间忘却了滚滚红尘，仿若穿越了千年时空，竟有一种超凡脱俗之感。踏着夕阳，走出村口，转身回望，余晖映照下的古村，愈发显得一派肃穆庄重，一片平和安详。

黎雄才回到家乡

人文高要

《韶山毛泽东故居》

黎槎村：易儒到家原周庄

据说，黎槎古村初为周姓人开村，因四面环水，颇具典型的江南水乡特色，而原称“周庄”。南宋嘉定年间（1208～1224年）和明永乐年间（1403～1424年），有苏姓、蔡姓两族人分别从南雄珠玑巷迁至该村。苏、蔡两姓人开始住在村中的低洼处，由于当时没有水利堤防设施，低洼地带常受洪水淹浸，所以他们才纷纷把房屋建于村中的小山冈上。小山冈形状酷似一只美丽的小凤凰，故又名“凤岗”。凤必朝阳，精研儒家文化和周易风水学的苏、蔡两姓村民便选择凤岗的东面或东南面居住，以祈村庄如八卦一样，太极生两仪，两仪生四象，四象生八卦，及后是八八六十四卦相，最终生生不息……苏姓人靠近周姓而居于东北方，蔡姓人靠近苏姓而居于西北方。从此，苏、蔡两族人口果然不断增加，周姓族人则越来越少，最终渐渐失传。后来，苏姓人氏继承了周姓人氏的所有财产，形成了黎槎村苏姓居东、蔡姓居西的现状。苏、蔡两姓族长见凤岗四周环水，按照八卦形状布局修建的一座紧挨一座的条形屋子像木筏一样浮在水面上，于是决定把村名“周庄”改为“黎槎”。“黎”有“众多”的意思，“槎”即“用竹木编成的木筏”，“黎槎”则是指“众多的木筏”。

黎槎八卦古村聚族而居，苏、蔡两姓融住一村，房屋依岗而建，环水而设，一圈一圈向岗顶分布。

遂愿里门楼

最巧妙是八卦构造

整个村子以《周易》的八种基本图形，即“—”和“— —”的符号形状精巧布局，把房屋建在风岗上。这些房屋依山而建，环水而设，以乾、坤、震、巽、坎、离、艮、兑卦形排列，呈圆形分布，一座座一排排，一圈接一圈，玄机重重，风格独特。整个古村呈大围屋形状，古屋、村道分布走向状似八卦圆形，周边是圆形的护村池塘与环村大道，仅有南北两个出口与外界陆路相通，暗藏洛书河图的玄机。

最魅力是大儒文化

浸淫着书香文气的博仁书院、敦善书舍自然无须赘说，单是这“十里一坊”的里仁思想命名与古朴典雅的门楼上的对联，就足以证明儒家思想入骨及髓的影响。只要绕环村大道闲庭信步一圈，一种儒雅之风便会从这些门楼和对联里溢出，扑面而来。这“十里一坊”11座门楼上的对联，均采用鹤顶格做成，它们分别是：“淳风驱陋习，和睦纳鸿喜”（淳和里）；“居仁由义，和气生财”（居和里）；“仁为德诚为道，华为实言为行”（仁华里）；“遂达源于熟虑，愿成全赖恒心”（遂愿里）；“仁善之心须长有，和亲之德不可无”（仁和里）；“毓才兴国，秀外慧中”（毓秀里）；“柔怀纳风雨，顺势写春秋”（柔顺里）；“兴国匹夫皆有责，仁民君子总无贪”（兴仁里）；“尚武崇文家风好，仁民爱物品行高”（尚仁里）；“东沐春晖，江添胜色”（东江里）；“遂心愿诚心修，德润身富润屋”（遂德坊）。如果再提取遂德井（苏家井）、周家井、木井、绍安井四口古井清洌甘甜的文明之水，黎槎村清澈的眸子自然更加闪烁着儒家思想悠远的光芒，黎槎村纯净的心灵自然更加荡涤着儒家文化平和的春风。谁人复问：“里仁为美，择不处仁，焉得知？”

以水为脉，以屋墙为围，以石为基是黎槎八卦古村最鲜明的特征。

最古意是石板深巷

99条巷道，无论是15条主巷，还是84条横巷，只要你步入其中的任何一条，你都会不由自主地陷入深幽与回环之中。那一条条窄窄的、长长的、弯弯曲曲、似通非通、曲折相连的深巷，那一块块清瘦而不嶙峋、孤独而不寂寞的石板，无不写满浓浓的古意，与葳蕤榕树、斑驳门楼、老屋炊烟、祠堂香火一起，任春风吹散年代的久远，任秋雨零落岁月的荒芜。是谁，细碎着步履，打伞自巷子深处走出，走进连戴望舒都难以捕捉到的朦胧诗意中？

屋墙灰塑鲤鱼排水口

最现代是传统守望

只有有榕树的地方，才有梦萦魂牵的家园。这是黎槎族人700多年来一直不变的心之向往。尽管黎槎村有很多村民把自己的梦想装进行囊，带着祖先吃苦耐劳和向外发展的精神，漂洋过海，外出谋生，但是他们得以生存和发展后，都纷纷回乡兴建房屋。在漫长岁月里，在烟雨迷蒙中，我们似乎看见那一行行成群结队出外求生图存、慎终追远的村民，以及村民那一张张若隐若现、棱角分明的脸……“华侨村”所表达的信息，不就是世世代代游子们传统守望着的“衣锦还乡”、“叶落归根”的朴素情怀吗？

以水为脉，以屋墙为围，以石为基，自成体系，超然世外。踟蹰在时间的出口，黎槎古村依然故我，宁静非常。离开这个八卦古村落之际，我不禁“八卦”自问：那一排排青砖黛瓦，一幅幅灰塑彩画，一弯弯石巷横陈，一檐檐钩玄回转，精致的，是谁积攒下来的古朴？那一树树浓绿，一波波朗清，一扇扇斑驳，一棂棂苍白，装饰的，是谁带不走的旧梦？

新梦发芽，古树开枝，爱留下。一帧黎槎，一直漂浮在历史的水面；另一帧黎槎，永远珍藏在黎槎游子的心中。黎槎村，继续听西江水日复一日地流转，继续看烂柯山的春花年复一年地烂漫，继续无需理会身边城市的高楼耸立、车水马龙，继续保留着自己的庄重、神秘与和谐……

槎塘村：两姓睦邻一村中

既然结构复杂的村落可以复制，单一纯粹的情感为什么不可以粘贴、另存？

自清代光绪二十二年（1896年）起，有村民从黎槎迁居至香炉岗东北麓，百年岁月间，苏、蔡两姓后裔在槎塘这方宣纸上继续有力地书写着"和睦"两个大字。

槎塘村有100多年的历史，距城镇1公里，坐落于一个小山坡上。

清代广府的村落布局

古巷深深，古屋悠悠。

两姓人家，一起按照明清时期广府村落中典型的“后有山坡、风水林，前有半月形水塘，聚落以一条条横平竖直的巷道隔开，建筑物排列规整有序”的梳式布局和“一个宗族由于子孙繁衍而就近分居成为两个紧贴的村落组成，而结构和形式上如出一辙”的两元一体式布局相结合的原则，将400多间房屋分成横排8列、每列10组、每组5间或7间相连、每组之间以2.1米宽的横直巷道相隔，整齐有序地排列在香炉岗长155米、宽86米的前低后高的缓坡上，共建起了有着“十字明间耙齿巷”美誉的“棋盘村”。先有村道，再有民屋，统一房屋高度、长度、宽度，统一采用青砖、杉木、瓦片建造，这样一种谋划，足见谋划者的超前眼光和领导能力。

两姓人家的和谐守望

两姓人家，混合居住，从村里唯一的一个门楼出入，或荷锄担月，或负笈返乡，一起诠释门楼石门额上“仁义里”三字及灰塑彩画的丰富内涵；一起仰望相隔几尺，布局、结构、造型法式及外貌完全一样的镬耳鳌鱼尾的苏、蔡两座祖堂。这一份劳作，这一缕书香，更见村人“砚田留与子孙耕”心愿的殷殷切切、悠悠绵绵。

两姓人家，一改高要人喜种榕树的习俗，在村前种了两棵相思树。据说，这两棵相思树是解放前所栽。当时，村里人为了谋生，纷纷到海外打工，他们常思家乡，惦记亲人，于是，村民便在村前种下两棵相思树。如今根深叶茂，树干需两人方可合抱，树阴遮盖200多平方米，荫庇着两棵树下各有的一口古井，井自深不见底之处，汩汩流出清澈的井水。这两棵相思树所守望的，除了村庄外，更多的应是旅居国外的游子泪光闪闪的眸子吧。

古村零落，古韵悠悠。仍见牧童骑在水牛背上，悠闲地向村外走去；仍有鸭子在碧绿的池塘上，追逐自己年轻的梦想和爱情。在城市越来越像乡村，乡村越来越像城市的当下，槎塘古村从村落的规划布局到每间房屋的建筑设计，从巷道的铺砌到房屋的建造，从民居的施工到祖堂的建筑等，难道不具有值得研究、保护和借鉴的东西吗？

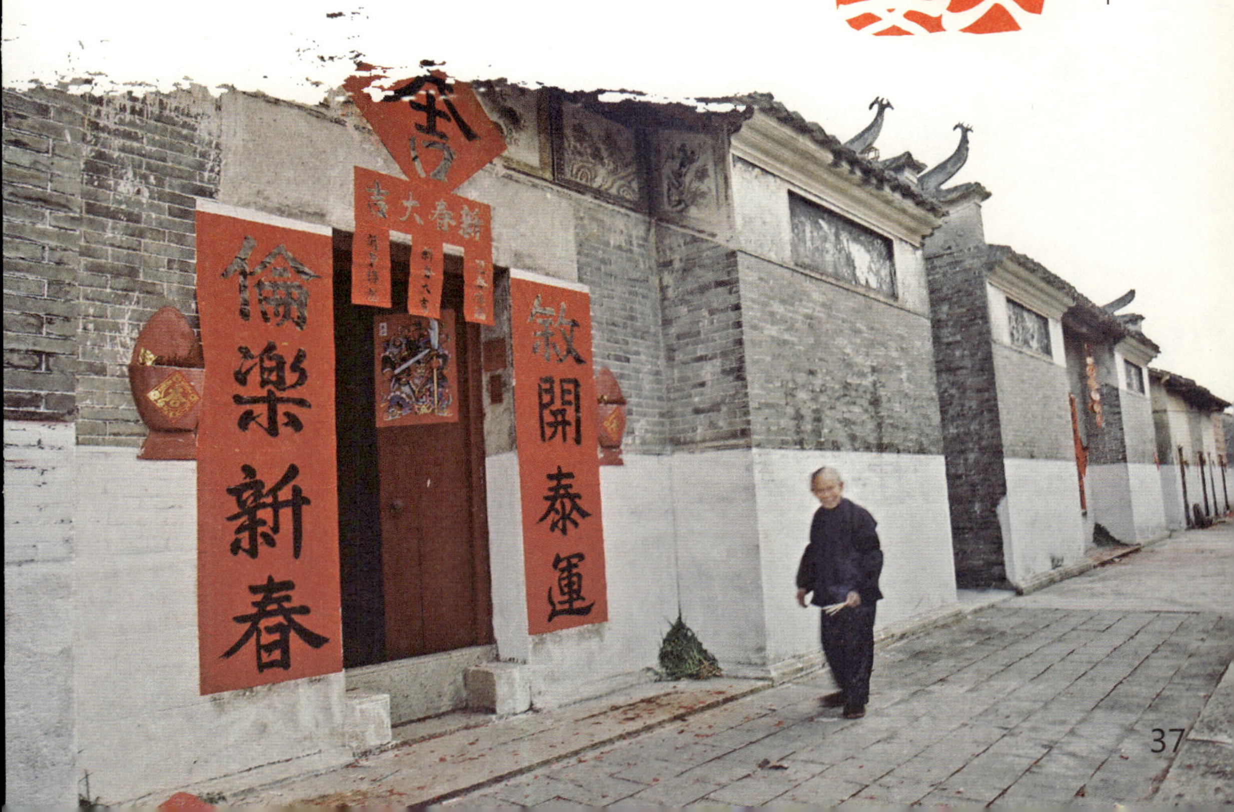

蚬岗村：文武双全望族兴

是一只怎样的巨蚬，从明朝初期到现在，一直蛰伏水中？

是一种怎样的神秘，让古村近700年的自然生息充满了传奇？

是一个怎样的视野，一份怎样的心情，被乡村和岁月收割，交予渴望睦邻的城市，交予不能透支的未来？

80万平方米的面积，李、邓、石、尹、钟、叶、何、陈等17个姓氏。

谁迷恋上谁，谁滋养着谁？

史料，传说。

哪个真实，哪个生动？

一切随水，万物同元。

古建筑群

原味古“道”到如今

“天地定位，山泽通气，雷风相薄，水火不相射，八卦相错。”一幅八卦图，被覆盖在四水环抱的蚬岗大地上。一排排房舍，一条条巷道，一座座门楼，一棵棵古榕，一个个路口，共同编织出八卦变幻的玄机；16座古朴的祠堂，分布在八卦迷宫中，共同叙说着一代代村人相近的敬祖穆宗情怀。水多，祠堂多，榕树多，这与众不同的“三多”所蕴含的，不就是博大精深的道家文化吗？水多寓意以水为财，祠堂多寓意旺丁兴族，榕树多寓意福荫子孙。

大道且无门。没有休止符的岁月，直抵村庄原始的神秘。

智慧高深，石不破，天也惊。

“望云惭飞鸟，临水愧游鱼。”置身广东古村落，不性感的自己，只能感性地喟叹：

没有比大地更清晰的混沌；

没有比天空更迷蒙的风雨；

没有比图腾更亲近的轮廓；

没有比蚬岗八卦更质朴的虔诚与深情！

古井和门楼

灰塑狮子

显赫的李氏大宗祠

“学得文武艺，卖给帝王家。”

在蚬岗八卦16祠中，蚬西李氏大宗祠无疑是地位最显赫、气势最恢宏、阵容超豪华的一座。

蚬西李氏大宗祠即环德堂，位于蚬岗村村西。它坐东向西，一改诸多宗祠坐北向南的便利与吉兆，足见它的大胆、霸气、与众不同。该祠建于清代中期，清末扩建，历代有维修。经2004年大修后，李氏大宗祠既保留了清代南方祠堂建筑的特色与风格，又凸显了它不落窠臼的时代气息。

该祠为三开间，三进深，硬山顶，抬梁式砖木结构。头进面阔三间，进深两间，用两柱，内木柱、外石柱。前廊步梁及柁墩上雕有人物画，并漆上金黄色。用灰白色的石英石作门额和门框及墙群，门额上阴雕“李氏大宗祠”5个天蓝色大字，与石门额之上的墙头画以及檐口板上的金黄色兰花、红色桂花相互辉映，极为美观。两次间的石枋上各有一只石狮子承托着白石斗拱，斗拱中央分别漆红色的“福”、“寿”字样，这一独特的装饰极为少见。大门后为木屏风门，门头上镶嵌着“奉训大夫”和“御前侍卫”两块牌匾，牌匾为红底金字，周边有金黄色的四龙戏珠图。屏风北面挂着“文魁”和“进士”两块红底金字木牌匾。屏风南面挂着两块红底金字的“武魁”木牌匾。三进为十四架椽屋，屋壁墙头和头进一样，装饰着60厘米高的墙头画及诗词。由此可见是文武全才的望族宗祠，大显“长者”风范。

李氏族人的背影

站在这祠堂前，我的脑子里闪现出一个个或古老或鲜活的名字，一幅幅或历史或现实的画面。我似乎听见该祠的远祖、官拜银青光禄大夫的李幸仁随驾南迁时的无奈叹息，宦游高州府任通判后家眷侨居南雄珠玑巷沙水村时随遇而安的踏歌；我似乎体味到该祠始祖李秀卿卜居蚬西、始奠南门里、披荆筑室的艰辛，耕云播雨、善田广种、宗支蕃盛的快意；我似乎看见从此祠走出一个个背影，走向活道鳌头，走向金渡五股、黄坑，走向禄步桐槎……

大门上的门神

历史的荣耀

我不由循着一代代李氏族人的足迹，在心中暗自盘点：是谁，殿试唱名，蟾宫折桂？是谁，君山起凤，砚水腾蛟？是谁，开高田，围低塱，叫不毛之地成鱼米之乡？是谁，倚科技，拓市场，将脆甜的西瓜香白的大米鲜嫩的“六瓜一豆”（木瓜、白瓜、青瓜、丝瓜、苦瓜、茄瓜和豆角）送进广州的万户千家？沉思过处，五坊十六里，诸公衮衮，已随逝水落花，榕阴绰绰，犹伴日影西斜，但见那道锈迹赤赭的铁栅栏，横在李氏大宗祠正门与门口石柱之间，让宗祠这样一个仁心泽厚的开放之地，徒添一份穿襟衫系领带般的不甚自在……

该围的围，该拆的，还是拆吧。

【历史名人】

李全斌：邑痒岁贡生，明崇祯丙子科中式第22名武举人，任苏州府嘉定县丞署嘉定县事

李万雄：明朝参戎之职，任临安水师都督

李趣山：清乾隆丁末科进士（文）

李汝刚：清同治壬戌御赐恩科第85名举人，广西学政（文）

李丙麟：清同治甲子科举人

李人荣：清同治丁卯科举第7名举人，增城县知县（文）

李国庸：清同治甲戌科举第26名进士，钦点蓝翎御前侍卫

李国安：清同治庚午科举第57名举人（文）

李兆安：清光绪肇庆水师营右部分府，五品

李兆康：清光绪肇庆水师营武将，六品

李少珍：世界濮泳冠军

古塔碉楼，无限荣光

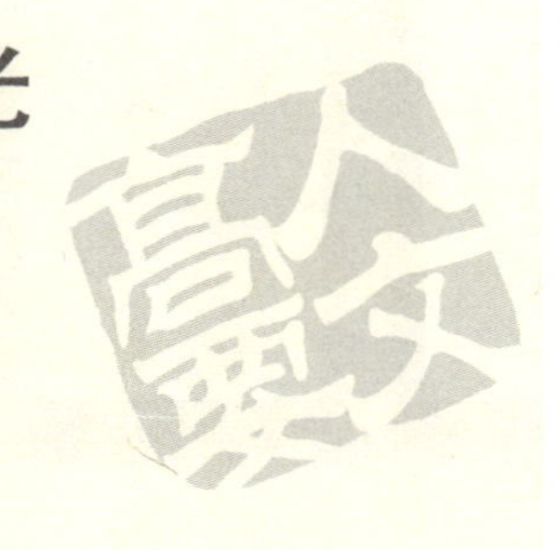

古塔凌苍
玉毫于此照迷方
碉楼无妨
弹指轻飞越过往
百年沧桑身一转
西江两岸满荣光

文明塔：明畅文风生雨云

是一口怎样的不淑不方之塘，非得让一座瘦不伶仃的小山冈镇住？

是一种怎样的慎终怀远，非得以文化的名义选择俯听或仰望？

风雨不离不弃。所有金色的思绪都堆得好高好高，高如苍茫。是你，想将天宇之爱推向云枝？

传说越来越老，而传说里的主人公却总是梦儿一般，老是长不大。依然踩着明代肇庆知府郑一麟当年振翅的步履，轻盈地走在文气习习的风里；依然拖着西江泛光曳影的裙裾，浪漫千年过客相似的诗意；依然披着质朴的外衣，守望着一际永恒的庄重。

文明公园新景色

身高没变。身材体型没变。方向没变。

文明塔，高45米，外7层，内13层，伟岸挺拔。楼阁式穿壁绕平座六角形，底平面直径为11.81米，首边长6.8米，墙厚3.98米，雄浑坚固。一身青砖，各层有叠涩出檐，不知装饰谁的青春窗帘。坐落在东南位置，面向西北，是孔雀东南飞，西北望长安？

可岁月的雷声，难免会击中历史爱出风头的凝望。西南一隅顶就曾经遭受过雷击的重创。所幸坚基在下承严谨，光明在上接四方。有神祇庇佑，有政府疗伤，1996年，历久弥新的你，又续写昔日的华章。

“云移溪树侵书幌，风送岩泉润墨池。”（爱新觉罗·玄烨）1989年，文明塔被广东省人民政府公布为省文物保护单位。巍巍的，你又该作何担当？

文明塔位于高要南岸镇塘岗顶，建于明代万历十三年（1585年）。据有关的史料记载，当年肇庆知府郑一麟为振兴文风、培养更多人才而决定兴建这座风水塔。

巽峰塔，俗称“乌榕塔”，位于南岸乌榕山上，建于明代天启四年至七年（1624～1627年）。由于该塔正好位于当时肇庆旧府衙的东南方，《后天文王八卦》将东南方称为“巽”，而“巽”有生生不息之意，故名。

巽峰塔：旧府东南一乌榕

总有一座山，铭记树的模样；
总有一个方向，直达人们心上；
总有一阙梦，无需挤兑便已实现；
总有一记卦，无需卜算便已嘹亮；
……

一句孕育了近四百年的誓语，还在吮吸着新鲜的忐忑。

乌榕众树说八卦，巽峰一塔擎中天。

文明之风缕缕而习习，西江之雨蒙蒙又潇潇。乌榕山上，不见当年的古榕。肇庆旧府衙，早已湮没在历史的西北。只有那巽峰一塔，威震东南，生生不息，看着从明朝下来的旧船在故事里搁浅又漂远，听着汁正味浓的广信方言仍在现实生活中继续濡湿跌宕。

巽峰塔，八角平面，七层外观。浮屠分七级，大道有八面。这是一种怎样的中西合璧、佛道一家？神龛肃穆，足见造型庄重；39.2米高，楼阁式穿壁绕平座砖木，足见结构的严谨与坚实；白色的塔身和菱角牙子砖，红色的角柱、门枋、栏额、线砖，数百年相互间隔，彼此辉映，足见色泽的鲜艳与耐久，以及“许新不许旧”之说的风雨无改。

“树旁种树春深浅，山上看山色有无。”朝观灵山仙境，暮写楞严佛经，依然矗立、直冲云端的巽峰塔，玲珑秀丽中透露的，又是一檀怎样的跟宗教有关的不息袅袅呢？

利贞堂：白诸归来不看楼

一直以为，如“邛笼”之于冉駹古羌、“崩康”之于甘孜道孚、“浮图”之于嘉绒丹巴，碉楼之于岭南，其意义深远者莫有右出乎开平者。于是，在个人的潜意识里，碉楼是属于开平的，就像风情属于当年夜上海一样。直到有一天，看过高要白诸镇布院村的利贞堂后，才彻底从井底跳出，并在惊叹天地之宽的同时惊呼：五邑碉楼立田野，白诸归来不看楼。

白诸镇布院碉楼是西洋、中式的建筑风格的集成，底层以石材为墙，其余为青砖加石灰椿制而成，相当坚固。

西江首富的豪气与奢华

一阵风雨大作后，已过晌午，天空将羞涩之脸低埋在阴晴之间。我们走过乡野小路，走进位于高要与云浮交界之地的布院村，经过略显古旧而并不怎么苍老的小巷，径直来到原先四面环水，而今一巷通达、建筑精美绝伦的利贞堂前。

首先映入眼帘的是门楣上方的三个阴书石刻大字——“利贞堂”，其右侧是“锡昌敬书，民国二十二年十一月十二日好时健”石刻。尽管黄沙吹老了岁月，岁月催老了记忆，记忆风干了泪痕，但77年过去，石刻文字却完好如初。真乃造化钟神秀啊！

碉楼大门口

碉楼总体建筑相当坚固，易守难攻，可与开平碉楼比美。

跨过历史感强烈的门槛，我们进入到一楼大厅。虽然光线有点昏暗，地面有点深浅不一，什物有点凌乱，拱梁有点凋败，但由花岗岩砌成的墙壁依旧质感滑腻，两边侧房门上方的“福禄寿”雕塑依旧颜色光鲜，厅房门廊等的布局依旧井然。的确，尘埃再堆积，也动摇不了顽石的坚贞；语言再不详，也湮没不了事实本身；当年事，还是连着当年人。

随后，我们依次而上，参观了2～6楼，既欣赏到中国古典建筑的韵味，又领略到西洋建筑风格：在每层5米多高、面积约160平方米的空间里，都有罗马石柱、欧式雕塑和圆门，且都不相同；都由一个大厅和四个小房组成；都配套有卫生间、储物室和西式浴缸。想当年，这是一种怎样的豪气与奢华啊！听说，当年“西江首富”陈锡昌在设计建筑利贞堂时，参照了开平等地的碉楼。开平碉楼不像上海、青岛等地的万国建筑，靠洋人用坚船利炮“打”进来，带有西方殖民者硬性移植的色彩，而是充分体现了华侨主动吸取外国先进文化的一种自信、开放、包容，他们把自己的所见所闻，加上自己的审美情趣，融注在千辛万苦建成的碉楼上。陈锡昌在博采众长的基础上，在村居中建造起了这座碉楼，谁知在不经意中便创造出一种绝世艺术，一种别具特色的文化。

在楼顶，除了亭台、水池之外，最引人注目的莫过于四角布满枪孔的碉堡和护栏上每隔七八十厘米就有一个的射击孔。这些射击孔和每层楼的四面都有由石头组成窗框，设有铁门、窗户呈漏斗状的4～6个射击窗口，以及每层楼都设有的控制下一层大厅的射击点，还有厚50～70厘米的外墙，构成了坚不可摧的防御工事。

碉楼顶小堡远眺

会客厅结构

人去楼空音杳杳

我在楼顶逡巡了许久。四面青山相对绿，天地悠悠，往事何堪？我不禁猜想：《高要县志》上记载的别名又叫“陈锡伶”的陈锡昌，是怎样的一个“长头毛”？他怎样在广州、香港等地做生意而成为西江首富？他当年拥有的数万亩良田，是如今眼前掀绿浪的这一片片吗？他能买来几十条步枪、几支手枪、几挺机枪，能请来军人训练几十个家丁，能打退土匪对利贞堂的多次攻打，为什么在1943年离开住所前往湖边（地名）查看工人劳作情况时却被土匪包围，押往云浮？在被扣押到重金赎回的一年多时间里，他怎样度过清寒而忐忑的每一天？解放前夕去了香港，他在湾仔经营药店后有着怎样的余生？

每个窗口的上方彩绘有精美的泥塑作品。

楼顶建有亭台、水池，以及防卫枪孔。

带着沉重的唏嘘，我们慢步减级下楼。出了堂门，站在楼下，抬头望，一线天水从楼顶的射击孔悬空垂降，给人以覆水可收之觉；而每层外墙窗户上方饰以的中式雕花，在柔和之光的映照下，整体给人以异于常态的美感。出巷，至村口水塘边。碉楼立水中，犹如在水一方的那位佳人；一头牛犊，正在我们身旁悠然吃草。随行的领导专业地按下快门，我也随即将之定格，以佐当今民风淳朴、村中景致靓丽之证。

伫立水边，久久不忍离去，陪我同行的一位领导询问我："接下来，是再去看看离这七八公里远的北凤村遗志堂碉楼，还是去活道镇参观大姚村'聚星楼'这座具有200年历史的'水楼'？"我不假思索地回答："等以后想复习碉楼这门功课的时候再去吧。"我之所以这样婉言拒绝，丝毫没有矫情的意思，实在是因为：一则对他们热情陪伴为时太久而心生愧疚；二则眼前景致让我想起了中国画写意中的"留白"艺术，我不想让相似的体悟冲淡自己对利贞堂的浓浓牵念。于是，告别布院村帮我们开门的那位村干部，告别白诸镇的两位干部，告别水波潋滟中威仪矗立的利贞堂，我们依依不舍地踏上了归途。

聚星楼：机关暗藏显攻略

200年，对于苍茫历史来说，绝对太短；200年，对于人的一生来说，绝对漫长；200年，对于一座风雨水楼来说，绝对不短，且久远。

聚星楼，又名"水楼"，一直站在活道镇大姚村一个面积大约50亩的水塘中央，倚天而建，围水以居。素面颜心，待字闺中，只为等待识你、懂你、疼你、惜你的那个人？

你是从红楼走出、携熙攘而去的那袭凤之王者么？

机关算不尽，聪明倒救了不少卿家性命。

据该村《姚氏族谱》记载：聚星楼系本村大财主姚英客于清嘉庆十三年（1808年）所建，是高要年代最为久远的碉楼，主要用于防涝、防匪。

聚星楼坚如磐石，机关暗藏。大门分木门和铁门两层，木门用6～7厘米厚的木板制成，铁门用2～3厘米厚的铁板制成。共4层，大约15米高，每堵墙有80多厘米厚，每一层四周都布满数个约高50厘米、宽20厘米的射箭孔，每一层楼的每个墙角还有一个饭碗大小的圆孔，据悉是土炮的射击孔。

聚星楼与外界的唯一通道是一座石板吊桥。遇匪劫寨，村民可躲进"水楼"后拉起吊桥，拿起弓箭和火药枪炮抗击，一保平安。据大姚村《姚氏族谱》记载，聚星楼建好以后，大姚村多次遭到土匪袭击，面对固若金汤的聚星楼，土匪只能无功而返。

尽管解放后匪患消除，聚星楼失去了原有的防御功能，但能避过"文革"破四旧之灾，也不可不说是一种造化。如今它已成为村粤曲私伙局的排练、演出场所，更显物尽其用。不管怎么说，200多年的风雨洗涤，已经独特成一种历史的慰藉，温润着一方土地再也暗淡不起的心灵……

书院祠堂，功荫千年

打开白云
所有的书页
都弥漫温儒古雅的阳光
走进祠堂
一个个带着稻香的名字
都在族谱上安放
曾经七拐八拐的生活
最终魂兮归来的诗行

五云书院：书系龙头将五云

是谁，让被鲁提辖揍过的天空一直保持五彩缤纷？

是谁，将五朵从不穿黑裤子的云轻轻抱走，悄悄带回家？

是谁，让口吃的文字从此顺畅明快，让贫血的心情从此拒绝苍白？

一元生两仪，两仪生四象，四象生八卦，八卦阴阳生八八六十四。六十四个村，分聚金渡、白土、回龙三镇，源自宋隆一水，共享一学堂。

五云书院，当仁不让，面向东南，威仪地西坐在白土龙头高岗上。任由宋隆河打门前缓缓地赤脚走过，任由历史的更夫不紧不慢地手舞功名的文化铎棒。

自清乾隆四十九年（1784年）降生，至道光六年（1826年）初现模样，一直有历史的碧波在人心更深处荡漾。民国三十一年（1942年），意气风发，穿上了隆重的盛装。1949年后改弦易张，被宋隆中学多次手术美容，多次更换衣裳，直到20世纪80年代，久违的乳名重新焕发出悠悠岁月里的古朴芳香。

书院名是彭泰来的书法，工整刚劲，力指盛唐。

有道是：欲唱一路欢歌，必赏一路风光。

三进深，三开间，厅堂式砖木结构，硬山顶配三跨马头墙，足见明清岭南建筑特色：就算当年不富丽，日后也同样堂皇。纵目可全览“上下六塱”，足以证明：地高位峻，自可将流年历史轻易弥望。镌刻在大门上方石匾上的“五云书院”四个大字，足见清代县人彭泰来书法的工整刚劲，力指盛唐。大门后墙角侧的《五云书院碑记》，再述书院修建的经过，再抒兴办教育的毫不彷徨。

全国名“五云书院”者，有重庆丰都之诗画满墙，有浙江桐庐之出状元施东斋于大唐，有浙江绍兴之万历重修，有惠州和平之康熙肇庠……书院各自有各自的气派流韵，诗文典籍是历代莘莘学子的随身行囊。于白土的瞳仁揉不进沙子之际，本人感赋七律一首，兹录如下：

一书系挂龙头旁，无数学童心不荒。
晨起读山山寄语，夜归耕月月还乡。
从来幽径藏墨客，自古文人牧宫墙。
此院而今无二梦，五云集聚显祯祥。

五云书院开创了高要乡村从私塾教育转为官办、民办书院教育模式的先河，为研究宋隆河流域清朝时期农耕文化留下绝无仅有的实物证据。

三级凸字硬封火山墙，方尖高耸，气势非凡。

明新书院：院前院后两重天

《诗经·小雅》云："菁菁者莪。"以大宗祠式砖木结构巍然于庙村富楼岗，明新书院所展示的，无非是一种白诸式的民国启蒙！

动议于清光绪三十三年（1907年），始建于民国八年（1919年）8月，告竣于民国九年（1920年）7月。13年的光景，对于漫漫黄沙而言，或许仅为西风一捋，但对于动荡时局里的乡村教育和农家子弟而言，的确有其禾苗焦渴如酥春雨般的悲悯。所幸的是，书院建成后，还是用它独特的文化与魅力，滋养了一代又一代庙村少儿的心灵，无论是以学堂的姿态，还是以"明新小学"的身份，都为白诸片尊师重教、刻苦读书蔚然之风的形成立下了"助教"之功。

尽管风沙吹老了岁月，吹新了追忆，但现已被空置下来的书院，仍以三进深合15.3米、三开间合30.25米的容积囤积着曾经清新的氤氲；仍让封火山墙展示其臂膀的宽大；仍以头进十一架椽屋前木搭牵上的木刻云枕和斗拱、石枋上的石狮子承托木斗拱，陈述建筑艺术的精妙；仍由石门额上阴刻的“明新书院”四个黑色大字与两边咸水石门框上书写的“风声雨声读书声声声入耳，家事国事天下事事事关心”的天蓝色对联，以及大门两侧墙壁上的“文明守纪，勤奋向上”的大红标语，相互辉映，继续凸显其独特的宽敞和优雅。

虽然明新书院是一座传统的宗祠样式砖木结构建筑，但它并不是宗祠，而是书院和公所。

“明德教人群，不厌不倦，功高日月；新民隆世运，至正至公，道冠乾坤。”明新书院，留给追忆的，除却不尽的尊敬，还有无穷的激励……

十八坊书院：谦谦君子出此间

总有一些历史已安眠在历史之外，总有一些梦还独醒在梦里。

十八个自然村庄，沿着新兴江出口依次排列。是《水浒》舞弄出来的十八般兵器，还是菩提树下谨遵佛意不入涅槃的十八罗汉？

斧光韬，剑晦养，弓弩蓄势，戈戟立陈；豁钺隐，重锤藏，棒矛直指，枪挝横回；鞭臂长，牌身短，锏链近扫，扒铳远迎。

何必分辨谁骑象笑狮，谁坐鹿托塔，谁举钵过江？何必怀疑布袋挖耳、芭蕉长眉？何不看门静坐，睡梦沉思？谁能降龙伏虎，自然开心欢喜。

十八坊书院是当时新兴江出口沿岸18个梁姓村庄共同拥有的。

山口敞开，所有的鱼龙都在大江的澎湃激情和不尽希冀里尽情游弋。大唐的十八学士，如盛开的牡丹一般，灿烂成十八坊众乡亲脸上共同的笑靥。

清光绪十年（1884年），在新溪中岗村（今莲塘镇石咀村）人黎翔凤（道光丁未科及第进士）亲自主建下，“有钱出钱、无钱出物出力”的兴社学之举终于修成了正果，一座沿袭了明末清初岭南建筑风格的“十八坊书院”背山面江而立，开放的书院即时传出清朝末年后农耕时代琅琅的集体书声。

后帝制废，民国立，山口学校建，书院亦渐颓。而今，原先三进深三开间两厢房砖木结构的建筑，早已失去左右两栋偏堂，訇然如鹏，匍匐在卧。书院分为前座（头门）与后堂，后堂损坏严重，仅存两间书房，而前座分上下两层楼，楼上有两间较小的房子，楼下有大堂一间，均呈破败之象。只有那眼前的颓椽断垣，草丛中的走廊天井，仍在诉说着布局的合理；墙体的分明棱角，砖与砖之间对接得天衣无缝，清晰可见的白色笔直的石灰线条，仍在诠释着做工的精细。还有那块块青砖，依然端正硬朗；那片片绿瓦，依然沉色纳光；那大门两旁的护墙上的三块巨大的白色花岗岩石块，依然气宇轩昂；那前座大门口的两根石柱，依然气派不凡；那雕梁画栋里的各色花鸟，依然鲜活在夕阳的照耀下，美丽而高雅。尤其是前座大门屋檐下，有一组壁画是邑人邓子舟所绘，左为《渊明赏菊图》，右为《一气高升图》，尤其是中间那幅《瑶池宴乐图》，依然栩栩如生地告诉我们：画作生活主题与书院雅趣追求之间的别样和谐，原来也可以令乡村的梦想如此圆润，也可以令人至今拍案叫绝。

尽管门有板而难掩，窗无棂而全破，十八坊书院与闲置的山口学校一起守着生长茂盛的寂寞，但现实的零落，终究掩藏不住过往的清丽与显豁。一只黑犬，正慢慢地朝安龙祖庙方向走去，数箱蜜蜂，纷纷在花丛中齐舞春风，书院初建时所立的那两块石碑，斑驳中透露出当初的豪迈，模糊中分辨出清晰的文脉，厚重中彰显出文明精神的超时空力量。

新江一村邓氏宗祠：文化典范光于前

易学的博大深厚，我曾从浩瀚的书本中汲取过，曾让青绿的山头印证过；儒学的尊格雅致，我曾在大师的阐释中寻找到古老而清晰的足迹，曾在历史的空谷里聆听到凝重而绝妙的回响；传统力学的洗练流韵，我曾在梁思成与林徽因的追梦中读出笑意；工艺美学的凌空灵动，我曾在墨子的非攻哲学里领略到雕塑之外的画意。而集易学、儒学、力学和工艺美术学等于一体的建筑，除却南岸新江一村邓氏宗祠，我还没有在别处见过。

阳春三月，不见烟花，随车来到西江南岸的新江一村。在村子的东北面一停当，立即被热情好客的村人迎出了车，我带着感激和兴奋，跟着他们步入广场，走到前坪，春风般地“登堂入室”。

邓氏宗祠位于高要城区新江一村的东北面，坐西北向东南。

老人心中的宗族历史

在这些邓氏村人中，有一位精神矍铄、口清齿利的长者，他叫邓尚如，现年80岁，系邓氏宗祠的第十九代孙（邓氏后人，传至今已有26代）。他自愿当起义务讲解员。他告诉我们：邓氏宗祠始建于明天启五年（1625年），历代有维修和扩建，其中有5次较大型的维修，最大一次是从1999年3月开始，历时年余，就是现在呈现在我们面前的情状。该祠坐亥向巳兼乾巽（坐西北向东南），前有半月塘和申寅两水应塘，为双龙贯气，人元一气局，全美之象；全祠横排三路，左昭，右穆，中为树基堂，宽27.2米，纵向三进（中间有天井），深38.6米，宽27.2米，祠内面积达1050平方米；硬山顶，配马头墙，正脊等处饰以彩塑，每进高度递增，气势磅礴……或许，每一位老人心中都有一部关于自己宗族的历史，或许老人本身就是一部宗族典籍，所以介绍起宗祠近400年的历史变迁，尚如老人总是喜形于色，滔滔不绝。

名门望族的前世今生

“邓氏宗祠”是清同治十年（1871年）肇罗道王澍所书。

前坪不窄，与横向齐宽，由矮墙圈围着。刚一进入，门前五级台阶下的那对花岗岩石狮俨然一副想再吼出文丞武尉的鲜活模样。门前立着两条檐柱，檐柱上的石枋中各有一石狮承托着石斗拱和两次间的檐口板以及碧绿的琉璃瓦檐。头进面阔三间，进深两间，前廊步梁及柁墩上雕刻人物，并漆以色彩，花岗岩石门额上刻有“邓氏宗祠”四个大字。前廊檐墙及山墙上是数幅壁画，画面栩栩如生。听邓尚如老人说，“邓氏宗祠”四个大字系肇罗道王澍于清同治十年（1871年）所书，所有壁画均由本族艺人雕塑或描绘。试想：若非名门望族，命官岂会允邀题刻？若非技艺精湛，谁敢轻塑力举宗檐？

跨过大门走近前座，在屏风的顶上悬挂着六幅“诰匾”。对于一座宗祠一脉五代来说，六匾足够显示出它的显赫与历史含金量。

东廊墙壁镌有一篇关于邓氏一世祖、二世祖受封的《诰文》。西廊墙壁刻着斌公教育裔孙的铭言。于子孙才彦，于教育典范，儒家之教义，可见一斑。

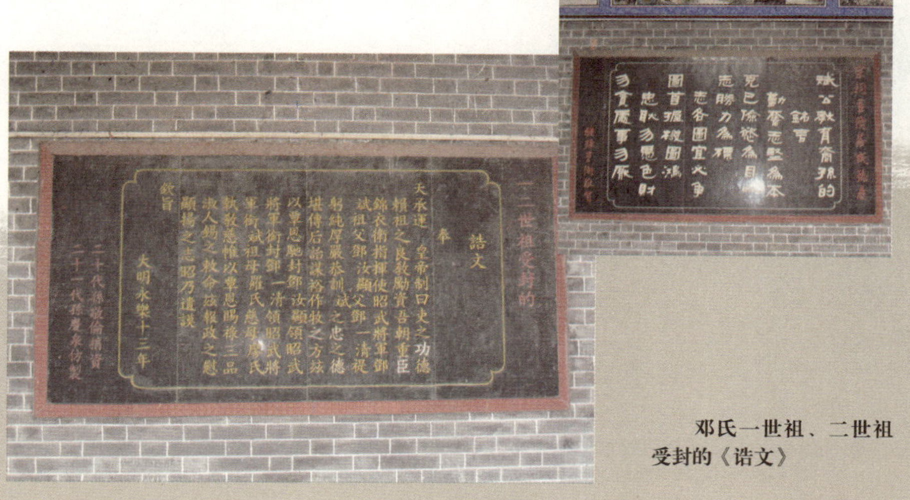

邓氏一世祖、二世祖受封的《诰文》

二进梁架为抬梁与穿斗式，四金柱和两檐柱均为花岗岩石柱，高昂宽敞，为十五架穿斗梁架。正中位置上方悬挂着清乾隆二十八年（1763年）所定的堂号“树基堂”三个金色大字，两边分别悬挂“根茂实遂”、“守艺贻谋”两块金字红匾。中堂正中设有三世祖、四世祖及考妣之神位。两边墙上各悬挂着一副对联：“基开东越蟾联门墙依咫尺美奂美轮称善岭，派衍南阳雁叙宙帷伦栋宇敦宗敦穆重亲人”、“依旧地已构新祠瑞气生疆轮奂辉煌灵妥一堂绵世泽，念宗功而思祖德铭甄纪典威宜敬顺福绥百代振家声”。好一份荣耀，好一幅静穆，好一派宗衍！

二进三进之间，又是天井。天井前壁下方巧砌石山盆景，中塑兰、桂、杏、桃山水画，并塑“蕃衍”对联：“桂子兰孙生趣旺，桃腮杏脸笑颜开。”上方塑出《刘备过江招亲图》及诗文。雅趣横生，何乐融融复融融？

“蕃衍”对联

《刘备过江招亲图》及诗文

四季屏风图

三进亦为抬梁与穿斗结构，是为后堂。后堂正中设有一世祖、二世祖及考妣之神位，神台上是一对“百子千孙”联：“宗族晋容如在上，子孙昌盛发其祥”。正间后阙为族中祖宗神位。邓尚如老人解释说，该进的左右两次间设木楼，其瓦脊和封火山墙最高，凸显主体的神气与威严。如长江后浪推前浪，宗祠建筑一进高过一进，实取“步步高升”、“一代胜过一代”之寓意也。

折身出大堂，观左昭，视右穆，皆各赏得一副春联，“听训”联为“听三为图勿之语，训四德智勇所行”，“诒谋”联为“诒祖建裔承古训，谋父业子振家声”。邓尚如老人自豪地告诉我，这两副对联都出自其手。真是：宝刀仍不见老，弱柳且可扶风。

牌位上的祖宗来处，名字上的辈分格式，称谓上的伦常秩序，都是客家人世世代代不容变更的恪守与传承。在客家人心中，每一个人都是祠前土地上的一株庄稼，都渴望葳蕤时能入闪光之镜，丰硕后能被收归于宗祠这座可以历千秋传万代的粮仓。

“百子千孙”神台

邓氏宗祠

罗建宋氏大宗祠：复得他乡遇老祖

“梅花宰相；红杏尚书。”谁能怀有这份独具凌霜诗意的自豪？谁能拥有这种平添烂漫典韵的激励？

建木昚天，舍宋其谁！

一个发自天籁的声音，从夐古涉水而来，宗教一样，不容置否；棋子一样，闲敲灯花耳膜；基因一样，转植生命骨髓：

“赶紧跪下。心灵回家了，只有跪下。

跪下，是对祖宗最温馨最赤忱的敬仰。”

再也没有比“宋斤鲁削”更物质的尊贵，再也没有比“宋画吴冶”更精神的润泽。雕版印书绕不开“宋”，汉字字体绕不开“宋”，国号少不了“宋”，诗词不可无“宋”。“宋”字，神秘而美妙；宋姓，已成为中国姓氏史中的一笔重彩。

我虽宗属“京兆”，但置身于河台罗建广平堂时，一样怀着激动与自豪，一样感到亲近和谦卑。我终于在异地他乡再次深深地体会到什么是“乔木千株皆共本，长江万派尽同源”，什么是族人聚集而居，什么是祠堂的壮丽与庄严。

罗建宋氏大宗祠

风水宝地立村开族

中午，由罗建村村支书引领，我开始了草根柔韧的文化寻根。

站在祠堂前宽阔的广场，极目四周，只见远山秀娥逶迤，近塘水光潋滟。向我赠送两本1997年5月印制的《宋氏族谱》的宋业珍宗亲告诉我：罗建村“东有金龟游水（河辉山），南有狮象排牙（河盟山为狮，东安山为象），西有黄蛇吐雾（波置后龙山），北有水牛舐子（河潮山）”，好一块风水宝地。怪不得珠玑始祖肇雄十一世孙仕际于明成化年间自鹤山平岗迁徙至此后，即刻立村开族，500多年来，虫斯蛰蛰，瓜瓞绵绵。

当正面迎对这座占地面积520平方米，建于清康熙五年（1666年），经雍正二年（1724年）、嘉庆二十年（1815年）、民国二十二年（1933年）、2005年四次重修的宋氏大宗祠时，尽管事先有充分的思想准备，但我还是忍不住心颤然而冀然。宗祠按中轴线对称方式布局，硬山顶，灰塑脊饰，绿色琉璃瓦当及滴水等这些岭南客家建筑的专业灵性，似乎都在间接拷问我的虔诚，使我下意识地急切想知道：在这座三开间、面宽13.3米、五进深合38.3米的宗祠里边，收编着广平堂哪些行书家乘的祖先？在这些祖先中，也有我名列玉牒的祖宗么？

五进深的宋氏大宗祠

宋氏大宗祠内精美的檐雕和壁画

解读字画里的春秋

拾七级花岗岩石阶而上，便至头进。头进前檐为一对石柱，内用木柱；步梁上有一斗二升木斗拱，用折材，漆浅蓝色；石门额上阴雕有晚清广东学者吴道铭书写的“宋氏大宗祠”，并漆以白底金字，蓝边的色彩与浅蓝色的斗拱相互辉映，显得华贵美观。题字上方是壁画《玩福图》，两侧是对联“梅花世泽，红杏家声”。原来，福不仅仅是用来享的，还可以用来玩的。原来，“春风有脚”的璟公“铁石心肠”赋以激时的那朵盛唐梅花，竟然可以开至今日而葳蕤不减；与兄庠公中同科状元的祈公植于东城纸上的那枝大宋红杏，竟然可以将春意闹至今日而依旧盎然。过宗祠大门，是亦门亦屏风的中承门，门上书有对联：“入是门必恭敬止，由斯路惟孝友于。”此联也见于鹤山祖祠大堂，想必是示人以此族秉承鹤山之意吧。自愧不是“必恭敬止”、“惟孝友于”之人，我们便从左右两侧的“如意”、“吉祥”二门进入二进。

进入二进前，我还在一旁慢慢欣赏族人选书的三幅书法作品。右边一幅是宋庠的《重展西湖》，左边一幅是宋之问的《渡汉江》，中间一幅是宋玉的“阳春白雪，曲高和寡；贫贱之交不可忘，糟糠之妻不下堂”。看着这三幅作品，我不禁思绪澎湃。我似乎听见战国烽烟起时宋玉对话楚襄王的超然与自信，进而想到他的山川缥缈、香草风流以及与他有关的成语：宋玉东墙、宋才潘面、班香宋艳、才过屈宋、衙官屈宋、空穴来风。我似乎看见暴雨时分，那两个分别名叫宋郊和宋祈的太学兄弟，专心致志地编竹渡蚁，仿佛听见传说中的那位高僧轻轻地对他说：“小宋大魁天下，大宋不失科甲。”我的眼前似乎出现一个思乡病日重的诗人，一边拖着长不出翅膀的身影，一边吟咏着无需荆蓁翻译的诗句："度岭方辞国，停轺一望家。魂随南翥鸟，泪尽北枝花。山雨初含霁，江云欲变霞。但令归有日，不敢恨长沙。"

"宋氏大宗祠"由晚清广东学者吴道铭书写。

二进为天井，天井两侧的檐顶壁有字画，两廊内绘有生动古朴的壁画。《一气高升》给人以仕途希望，《赏菊图》给人以志趣回归，《宗之醉酒》让人怡然迷恋，《学士贪琴》叫人抱朴淹雅。最难忘绕梁那一句："水去千峰远，山通一径斜……"

三进和四进均为14架椽屋。满地的阶砖，铺写着一个一个春秋的更迭；满屋的椽桷，对接着一段一段历史的更改；只有那自伯达公以下一一排列的牌位，依然在静静期待后辈才俊延美荫、仰文名。我等噤声，蹑步而过，生怕惊醒我氏前人已经做了千年的梦。

河台宋氏大宗祠中堂

进入第五进，别有一番天地。偌大的厅堂不设桌凳，只留无尽的空灵和明亮。厅堂正中，供奉着微子启、璟公、肇雄公、伯达公等诸公的户内胶画像，两边的墙上悬挂着跟罗建广平堂有关的宣传饰画，足见罗建宗亲“怀抱祖德”、“慎终追远”、与时俱进、饮水思源的孝思践行。

待从宗祠出到外面广场，阳光明媚得诱人。壁画着“竹林七贤”的牌坊——“赋梅坊”仍在坚守着坊内巷间的生活细碎，贴在大宗祠门柱、墙面上的婚联、春联，仍在喜悦着宗亲们火红的愿望。我随即更新春天的心情，再次翻开手中的《宋氏族谱》，将眼睛自觉地定格在“序言”第六页上之“传代排号有六十一字”：“肇从扬有道，以善悦缘纲，本懿美成芳，远明辉，振彩常，英华昭世德，礼义集祯祥，祖泽光文溥，家传业永昌，富贵同荣耀，修齐兴福长，举贤良，大宗显达绍书香。”

荔枝梁氏大夫祠：世泽绵延承皇恩

“状元府第千秋颂，梁氏源流百世昌。”尽管明清时期，莲塘梁氏族人曾经出现过兄弟同登科、父子共及第的景象，先后出现了六至四品大夫各1名，县令、县尹4人，翰林院侍读2人，进士及钦点进士2人，举人8人，太学生20余人，贡生数十人，但所有的光芒加起来，似乎都不及一块“钦点状元及第”牌匾那么耀眼，那么让族人引以为傲。尽管梁耀枢的状元及第匾不仅仅存藏在莲塘荔枝村，还存藏在广州从化江埔禾仓村三多里社、中山南区曹边村、惠州龙门县平陵镇竹龙村、陆丰市甲东镇雨亭村等地的梁氏祠堂里，但这是梁姓作为广东的特大姓之一得以告慰共同宗远的最大荣光，毕竟梁耀枢再一次打破了“状元不出三江外”（“三江”指的江苏、江西、浙江）的神话。

据介绍，在眼前这座梁氏大夫祠里，除了“钦点状元及第”梁耀枢的牌匾外，现存的还有“钦点即用知县”（梁锦澜）、“进士”（梁德舆）两块牌匾。当地梁氏后人说，该祠的3块牌匾一直悬挂着。梁氏大夫祠在2001年翻修时，族人见“钦点状元及第”匾内的文字已霉烂，便沿用旧框翻新。据当地《梁氏宗谱》记载，该梁氏为中原早期移民岭南的梁姓支派之一，始祖梁载，原籍汴梁（今河南开封市），宋末移居广东南雄珠玑巷，后来落籍高要，至

今已有700多年的历史。该族谱记载，梁氏在当地繁衍至今已28代，早在第九代传人，就有梁氏后人迁移至今天的广东南海、顺德等地。我想广东第九位（也即是最后一位）状元梁耀枢，按理应该源出此宗支。

《梁宣义公祀曲碑记》

梁耀枢是唯一一个被称为“金玉状元”的才子。他不仅文采好，而且长得眉清目秀，身材魁梧，气度非同凡响，很得人们的好感，更得清廷两宫太后的青睐。梁耀枢中状元后，并不甘心居于文学侍从、宫廷弄臣之列，而主张“近臣”应该负起谏言之责。中法战争中，他大力保举冯子材、方曜等率兵作战。张之洞督粤时，西江北江泛滥，朝臣大都对这位封疆大吏隐忍缄默，梁耀枢首先撕破情面，犯颜启奏。连专横的慈禧太后也不得不承认：“南书房翰林曰梁耀枢，金玉君子也。”从此，梁耀枢便又获得了“金玉状元”的美誉，被京城人士尊为“梁金玉”。

由于没法进入祠堂里边，没法目睹木屏风顶处分开悬挂着的“钦点状元及第”、“钦点即用知县”和“进士”3块红底金字木牌匾，这座始建于明代中后期、清同治光绪年间均修葺过的梁氏大夫祠，留给我印象深刻的，便是它的三开间、一厢房、三进深砖木结构，硬山顶，硬封火山墙，挺立的石柱，横摆的搭牵，宽阔的石门框和石门额，石裙脚的浅黄色原石色与石门额上刻有“梁氏大夫祠”5个大字，以及门额上方的一幅壁画与题诗。虽然壁画画面被接连不断的“囍”、“鸿禧”、“百年好合”等喜联红批给遮住，但壁画两旁的题诗仍清晰可辨，是李白清平调词：“一枝红艳露凝香，云雨巫山枉断肠。借问汉宫谁得似，可怜飞燕倚新妆。”“云想衣裳花想容，春风拂槛露华浓。若非群玉山头见，会向瑶台月下逢。”大门两侧贴着对联：“泽传粤海，世系中州。”大门前的抱柱春联还散发着红与黑的幽香：“梁氏兴旺承前启后天赋财鸿千秋盛，宗祠光辉继往开来地泰民禧万世昌。”中山大学陈永正教授说得好：“文化是延续的，一个地区只有经过长期的文化积累，才有可能出现文化名人。文化名人的出现，不但在当时对本地区的文化发展有着积极作用，而且在后世还起着持续的影响。”

人文高要

大夫祠前方，那个1.15米高的月台，仍在彰显“大夫祠”清净贞正的威德格局；离月台右前方1米处，那一口被称之为“生水”的水井，有两个嘴含泡泡糖的小姑娘正在打水，她们淳朴的目光，饱含乡村才能碰得到的“简单”和“真实”。

“英雄余事业，栋宇自齐梁。”面对此情此景，谁人不想在历史的迷恋中徜徉人生？谁人不愿在回忆的梦境中寻找青春？谁人不盼在传统的回归中收获奔头？

高悬的“钦点状元及第”、“钦点即用知县”、“进士”三块牌匾。

蚬岗芙罗李氏宗祠

芙罗李氏宗祠：思寻府学筑大成

“房屋，是我们拜物主义的寄生，也是内心世界的定义。”（法国摄影家霍尔迪·拉古）作为最具中国特殊意义的房屋——宗祠，它所寄予的，是一种怎样的不凡之物？它所定义的，是一个具有怎样空间、轮换什么色彩的客观世界？是一种怎样的超现实集体内心状态？

当置身于蚬岗镇芙罗村，尽心尽力阅读这座始建具体年代不详、历代有维修的李氏大宗祠时，我似乎感觉到有一种宗教一般的力量涌动心间，让人醍醐灌顶，即刻启悟。

当年，该祠始祖李朴于元初由河南迁来，筚路蓝缕，榛莽丛生，开疆辟壤，何其维艰！后秀子孙们谨遵祖训，燕翼贻谋，宗支繁衍，何其昌炽！历代人文追求，众望云集，所归为一，即是宗祠。该祠最大的亮点，就是它的文化功能，全都凝聚在与肇庆府学宫大成殿极其相似的结构上。将祠堂当作学宫一样的建筑，尚文之风兴盛，可见一斑。

该祠堂为硬山顶，三进深三开间，穿斗结构，在梁架结上有很多近似于肇庆府学宫大成殿的结构。头进为面阔三间，进深一间，前廊步梁及柁墩，施精美雕刻，梁上置斗拱承托各檩。两条明式八角红砂石柱，柱础极矮，只有30厘米。前墙基有123厘米的“咸水石”作墙脚，作门框的“咸水门”宽96厘米，门额木匾已失落。门前的台阶是典型的明代平坡式五级阶，斜栏杆两端有小石鼓，大门之后有木屏风。头进后，中为天井，左右为廊，红砂石铺地，两廊分别开一横门，西横门口前放有一块无字砚碑作石桥用，碑长187厘米，宽97厘米。从天井经四步台阶上二进，二进为抬梁与穿斗结合式梁架，架梁四金柱和两檐柱为粗大的格木。明间有3朵补间铺作斗拱，该进共有18朵斗拱。三进之后的天井在清代维修时改建成卷棚顶，用另一式的斗拱承托8架抬梁。三进亦为抬梁与穿斗结合式架构，用4柱。该祠头进和二进的垂脊合槽，8条均为铜铸成，实属罕见。

学宫结构定势，青铜合槽连接，匠心独运之中，所寄予的，不就是希望子孙们一心向学，宗支鼎盛么？所定义的，不就是身处岭南，始终坚守光复传承中原文化么？

石泉梁公祠：相士尝水以致庸

能借之穿越文明进步的时光隧道，直接与列祖列宗进行心灵沟通者，我想除了语焉不详的族谱，便是抚之则彷徨的老祠堂。走进石泉梁公祠，我依然感悟出一种岁月的沧桑，仿佛在追寻那一幅幅遥远的名作与绝响。

石泉梁公祠，位于莲塘镇荔枝村西北。始建年代不详，大约在明代永乐至正统年间（1403～1449年），清代宣统二年（1910年）及民国二十二年（1933年）均有重修。该祠恭奉梁致庸（字以尝，号石泉）为始迁祖，故名“石泉梁公祠”。该祠前为高1.54米的大丹墀，从丹墀上7级石阶，便是宽20.5米的宗祠前廊。正堂为硬山顶，三开间，两进深。头进正脊饰花卉图案。前斜脊近端各饰雕狮走兽一只，前座前廊步梁及柁墩上均阳雕有人物花卉，枕上承托折材木斗拱，极为精致美观。前檐柱在修建时改作方形水泥柱，檐柱的石枋上有石狮雕。“咸水石”门匾中阴雕有“石泉梁公祠”5个大字。右上角阴雕有“民国廿二年双十节重修”10个小字，右下角阴雕有“宗人梁清平书”6个小字。大门之后有左右耳房。中天井左右两斋在维修时重新盖瓦。后进为硬山顶，抬梁式梁架。前檐为方石柱、花篮式石柱础，中为两圆杂木柱，阶砖铺地。正梁底写有“大清宣统二年谷旦吉日立”字样。整座正堂长19.75米，宽11.1米。原正堂之右有一开间两进深的厢房，现厢房的头进已改为民居，后进作村民开宴之厨房。

石泉，莲塘，荔枝。淙淙，涟涟，累累。组合在一起，谁能说不是一轴滚动的画，一曲凝固的旋律？惊喜之余，我颇自然地想起左太冲《招隐》上的诗句“石泉漱琼瑶，纤鳞亦浮沈。非必丝与竹，山水有清音”，想起山西新绛绛守居洄莲亭上的楹联“放明月出山，快携酒，于石泉中把尘心一洗；引薰风入座，好抚琴，在藕乡里觉石骨都清”，诗中所描绘、联中所抒发的，竟与此地情状此际心语如此吻合，这会不会是冥冥的一种通灵，一种造化？

“致庸”，抵达中庸，祠堂始主所昭示的，无非是一种追求，一种简单，一种真实：大地给了我们真诚，我们只有辛勤耕耘；上苍给了我们触角，我们只有用来行走。

道悦梁氏大宗祠：寒庐之上乃栋梁

是这座显赫的宗祠，让一个与之相关、一个与之不相关的人扬名立万，还是这两个情状况味特殊之人，让原本就是“衣冠望族”的宗支族所锦上添花？

梁寒操、于右任，必然中的偶然惊喜，偶然后的必然成望。

于右任，一位被誉为“当代草圣”、“近代书圣”、“中国书法史三个里程碑之一”（另两个为王羲之、颜真卿）的书法家，携政治上的威望，以国民政府监察院院长之衔，民国三十五年（1946年）受邀于中国国民党中央执行委员、宣传部长梁寒操，为其正在维修的祖祠题写了“梁氏大宗祠”正门额横匾，无论如何都是梁氏族人的造化，都是书法艺术的造化，都是“风雨任纵横”之国命、“山河增壮丽”之造化。

近现代杰出书法家、政治家于右任先生应梁寒操先生邀请，为该祠题写了“梁氏大宗祠”5个字，其族人请工匠用花岗岩石刻制成门额。

梁氏大宗祠位于新桥道悦村北面，坐西向东偏南。该祠始建年代不详，清同治年间和光绪年间曾作维修，最大一次维修是在1946年，以花岗岩石刻门额。该祠广两路，宽17.55米，三进深25.8米，硬山顶，配三阶马头墙。头进面阔三间，进深两间，阶砖铺地。二进中天井，两廊为六架卷棚顶，阶砖铺地。三进为抬梁式架梁。

梁氏族人，虽然从元代至民国期间在社会上都具有影响，但能被历史和后人记住并轻易提取的，我想无非就是民国文坛才子梁寒操先生一人。他为肇庆“青云堂”梁氏大宗祠所拟写的对联“是孔门七十二贤之一，乃吾族百千万代所宗”，既是栋梁之自豪，更是谶语式的自我写照。

尽管参观时宗祠正在修葺，时间上较逗留寒庐时少了宽绰，空间上因大门紧闭而只能徘徊于门口坪前，不过，仅凭出了个梁寒操，仅凭于右任的门额题款，我就该对此祠终生不忘。临上车，回望祠门，门额上方的《满门及第》壁画题诗（两首）再次入眼，让人生敬：

（其一）

满门及第赞梁家，三后七侯举世夸。
敦本子孙人仰羡，宁馨英畏发此花。

（其二）

教子登科乐满堂，一枝彩笔写华章。
今朝有志青云步，喜看燕袍兰桂香。

梁氏大宗祠中堂

赵氏宗祠

莲塘赵氏宗祠：皇宗一脉有余荫

如果没有程婴与公孙杵定计施救，赵氏孤儿还能将“夏日之日”（指春秋晋国名将赵盾）的光辉照到现在么？如果没有那场雪，没有那个雪夜的炽炭烤肉、泥壶暖酒，赵氏兄弟还能将大唐江山一一剪切并粘贴到自己的宗庙里么？如果没有江南狼烟，没有崖门海恨，天下第一姓的赵氏子孙还能躲进深山开枝散叶么？

历史没有如果，现实从不假设。指鹿为马早已无需论证，赵鼎开宗肇庆至今妇孺皆知。赵鼎（1275～1367年），为莲塘镇赵氏家族始祖，是宋皇太宗赵匡义的第十五代孙，原籍河南省汴梁县，元至正十二年（1352年）任肇庆路学政。自幼勤奋好学，工诗文。他先后在河南汴梁县、开封府、高要肇庆等地任儒学教授、司禁官等职，年老辞官后落籍肇庆城西。明洪武四年（1371年）迁移到高要莲塘石巷村，为赵氏家族在肇庆的第一世族。赵鼎在肇庆共生有6个儿子，经过600多年的繁衍生息，其在高要的后人主要分布在莲塘镇石巷村、上巷村、柑园村、围安村等13个自然村，约20000人。

赵氏皇宗一脉的沧桑与鼎盛，从赵姓人民居住的各个村子里不同规模的赵氏祠堂足以看出。

最具代表的，乃莲塘赵氏宗祠。它始建于明代景泰年间（1450～1456年），是莲塘镇赵宋皇族最具代表性的建筑物，距今已有500多年历史。清朝同治十三年（1874年）重修，宗祠前仍存有刻着“赵氏宗祠”的大理石牌匾，上面还刻有“同治十三年季冬吉旦”字样。宗祠坐西向东，面阔三间，两厢房，宽24米，三进深41.4米，面积为1002.84平方米。据村中的老年人讲述，1958年前，宗祠门前有一个广场，有旗杆夹，门前的七级石阶两边有抱鼓和望柱。大门后有木制屏风，堂内以中轴线对称的方式布局，各进前后和正梁下的墙壁都有灰塑和彩画，正堂内供奉有根据《赵氏上古源流谱览》中画像制作的宋太祖赵匡胤、宋太宗赵匡义等宋朝18位皇帝以及部分先祖的画像，偏厅内供奉有南宋时期文天祥、陆秀夫、张世杰等爱国忠臣的画像。

最具规模的，是位于上巷村的导荫赵公祠。祠堂高墙大屋，青砖绿瓦，雕梁画栋，墙基为红砂石底。祠堂前设有石级和拴马石等。在封建时代，只有官阶相当高的人，才有资格在祠堂的石基铺红砂石底，这是身份显赫的标志。我们可以从祠堂里墙壁上的碑文获知，导荫赵公是高要莲塘赵氏家族始祖赵鼎的第四代传人，这座祠堂由其5个儿子（其中一个儿子叫赵满，时任山东省寿张县知县）带头出资兴建。

据村里老人们说，早些年代，村里头还弥漫着浓郁北方气息的宋代文化。高要当地的赵氏后人，有不少人在外创业闯荡，教书做学问，但绝大部分的“皇亲国戚”们还是布衣一族，守着祖上传下来的“一亩三分地”，过着“日出而耕日落而归”的生活。只有在祭祖的时候，他们才会遥想起祖上曾有过的辉煌。

但愿抢修之中的赵氏宗祠，重新修葺后能恢复宗祠的原貌，能唤起赵氏后人“雪梦罗浮”的历史记忆，活出当下精彩，续写时代新篇。

围安赵氏宗祠

古寺教堂，璧合中西

当佛遇见上帝
山上山下
一朵朵莲花绽放出千年的无求
江左江右
一个个涟漪汇聚成永恒的宁静

阿弥陀佛，阿门

宝莲寺：犹自光明照十方

释然于佛界

早就听说过在莲塘镇城北有一座建于南宋开禧年间（1205～1207年），距今已有800多年历史，一直香火鼎盛的宝莲寺。而今，站在宝莲台小小的龟岗上，来不及让“登临高顶始见台”的情感预设展开它丰满的羽翼，和煦的春风便悄然地从脚底升起，又轻盈地侧身而过；来不及让世俗的思绪伴随深呼吸

莲塘宝莲寺

作短时的禅定，不灭的香火便从眼前的圆炉方鼎上空袅袅而去；来不及让虔诚的默念拭去岁月的尘埃，一条条缀着善男信女美好憧憬的红布条像秋天的苹果一样摇曳在许愿树的枝头。于是，心中的释然之感来得太快，佛性一般，立地而生。

倏忽一转身，宝莲寺即在面前。这座曾先后于清康熙十八年（1679年）、乾隆三十五年（1770年）、道光二十二年（1842年）进行了重修的古寺，经过1996年扩建，规模更加完善，面貌焕然一新。一副由肇庆市鼎湖山庆云寺现任方丈所撰的对联“长寿智灯传宝寺，峡山明月照莲溪”悬于大门两侧，格外耀眼。以前资料上记载的由著名老中医梁剑波先生于1996年所书的大门横匾“宝莲寺”三字和不知谁所拟的“天开古刹留金粟，地涌层台现宝莲”古联，现已不知所终。但愿“一灯能灭千年暗，一智能破万年迷”；但愿我等世俗之人，皆能“挥觉剑而破邪山，扬智灯而照昏室”（唐·王勃《益州绵竹县武都山净惠寺碑》）。

参悟“知足”与“无求”

拾18级花岗岩台阶而上，便至大殿。步入头进，一尊弥勒佛供奉于厅堂正中，以其招牌式的能“容天下难容之事”之“大肚”、“笑世间可笑之人”之“笑口”示人。第二进是大雄宝殿，“大雄宝殿”四个遒劲质朴大字乃由赵朴初所书，宝殿中间供奉三宝佛，东侧是观世音菩萨，西侧为地藏王。一切都如佛界般静谧而肃穆，空幻而纯净。

大殿后面是观音殿。或许是因为凡尘各界都挥不去“与时俱进”的印记，殿前的两尊石狮子栩栩如生，分外扎眼。也许是因为“一楼财神爷”、“二楼送子观音”，此殿之鼎盛气派一点也不逊色于前殿。且不说程本怀题于“癸未年二月初十日”（2003年3月12日）的“观音殿”三个黑体烫金大字是如何端正沉稳，就据其栋隆宇壮、丹楹藻棁、芗云滃空，就足以惊耳夺目。怀着对佛的敬重，我站在殿前，久久不敢入内。我凝望着观音殿前门柱上那副由“九十七岁老人雄才书”的对联——“事能知足心常乐，人到无求品自高”感慨不已。一生只活到91岁的国画大师黎雄才，却以自信乐观的态度，以

“九十七岁老人”的身份行云流水般地恣意挥洒，这是一种怎样的豁达、从容和浩气？偈语有云：“无病第一利，知足第一富，善友第一亲，涅槃第一乐。”（《大庄严论经》）知足是一种取舍，是一种释然，是一种顺心大乘法，优婆塞因知足而让贫穷成为俗家佛学经典，王维因知足而让山水成为诗学渊薮。无求，是一种淡泊，是一种超然，是一种境界。陶渊明无求而“采菊东篱下，悠然见南山”；范仲淹无求而“心旷神怡，宠辱皆忘”；杨慎无求而“白发渔樵江渚上，惯看秋月春风”；林则徐无求而“海纳百川，有容乃大；壁立千仞，无欲则刚”；齐白石无求而“人誉之，一笑；人毁之，一笑”。我已姓宋且有子，钱财如心无减增，再入观音殿，我更知足，只求早些“无求”，只求“法雨遍施凡愚有缘皆被泽，慈光普照人天无处不沾恩”。

离开观音殿，午阳已偏。一位老妇人，斜着细长的影子，自山脚蹒跚而上。萋萋蔓草，棱登着寂静山径；绵绵晴云，拂拭着空蒙树梢。我不由想起唐代诗人韩偓的诗句：“何人识幽抱，目送冥冥鸿。”抬头回望处，依稀看见传说中的观音娘娘正在紫竹林中、白莲台上，阐明奥妙，指点迷津……

“山色溪声涵静照，人情物法任云书。”每一个香客都想给自己的信念找一个落脚的地方，对于高要香客而言，宝莲寺应该是心灵皈依的法门选择。

大雄宝殿中间供奉三宝佛。

罗伞

上清湾天主堂：西方文化传南岸

江水滔滔，江岸逶迤，江面森森，江湾青青。这是一种壮阔，还是一种清幽？

舀一勺瞬间绝响，邀诗中忽肥忽瘦的千年老月共醉苍茫。以一门哲学或宗教的距离，静静地读你，趁午后的阳光还未醒来，趁微醺的春风还未离开。

上清湾天主堂

《坤舆万国全图》，利玛窦在肇庆绘制的最早的中文版世界地图。

上帝一直眷顾的伊甸园

你有怎样的善睐明眸，竟让罗马天主教耶稣会神父利玛窦不辞辛苦，越沓沓关山，趟汹汹大洋，帮助罗明坚进入中国，于明万历十一年（1583年）九月在肇庆建立了第一个传教驻地，出版了第一份中文世界地图《坤舆万国全图》，并采用“天主”作为神的称号，用中文起草了第一部《祖传天主十诫》，从此地道“做中国人中间的人”？你有怎样的神祇胸襟，竟乐意接纳西学，接纳“源自中东犹太，还在襁褓中的时候就渡过了地中海，4世纪才开始成为罗马人合法宗教，由各种各样的人携带着，跨越山脉、河流、峡谷，也跨越种族、语言和文化界限”的基督教，使国人得以认识耶稣基督，让福音喜讯与教会能在中国文化里降生？

自打西方天主登上弥漫着声声“南无阿弥陀佛”的东岸，中西文化交融就成为了人们无需主动选择的选择，风吹浪打般，随意而自然。就像我现在站在始建年代不详的天主堂前，一边欣赏着装修一新的教堂墙粉顶白窗圆山尖的建筑艺术，一边看着正门柱上张贴的大红春联“良人于地享平安，天主在天受光荣”，心中却默诵庄子的《胠箧》篇：“故绝圣弃知，大盗乃止；擿玉毁珠，小盗不起；焚符破玺，而民朴鄙；掊斗折衡，而民不争；殚残天下之圣法，而民始可与论议……”

一份刚正严明的实证

当我们一行来到据说是原来教堂的旧址，锈迹斑斑的镂空铁门由一把扣在铁链上的铜锁紧锁，二楼、三楼上朱颜已改的雕栏犹在。随着教堂人员一声“吱呀”推开旁边的尘门，入内，一股糅合中清西媚之气扑面而至。正堂墙上的“圣家像”依然散发出“三人同怀救世意，一家共具活人心”的降祥善光，挂于两侧墙上的圣恩字画仍旧给人与圣父“合而为一”的指引。正期盼静雅祥和的赞美诗能从记忆深处打开它优美的旋律，一块兀立在墙根、皮肤黝黑、筋骨硬朗的石碑即入眼帘，我虔诚地蹲下，像失学儿童突然看见书本一样，激动地搜寻“奉督院宪大人吴严禁强占伍马山地石碑”上的文字：“特授高要县正堂，加十级，纪录十次，陈为联叩全恩，勒石示禁，以杜争占事。康熙二十四年二月，奉钦命两广总督等处地方兼理粮饷，兵部尚书都察院右副都御史正一品仍带世职吴兴祚……勒石为禁，以垂不朽。”对于吴兴祚，我并不陌生，一是因为军事，他曾独完萍乡，协安闽粤，坐沙克舒尔塘；二是因为文学，他曾于清康熙三十四年（1695年）五月端阳日为其晚辈吴楚材、吴调侯叔侄编撰的《古文观止》题过序，曾与“政治徐霞客”屈大均交文和诗，遗《留村诗稿》于世。但他能官居高位而躬身处理民间纠纷，在上清湾这样一个蛮荒之地留下这样一份刚正严明的实证，是我完全没有想到的。

走出遗迹，走出怀想，四周仍是一片清寂。两棵大榕树合抱交颈，夫妻般地融为一体。树下的石凳、石墩默默不语，是在虚位以待那对在江边拍婚纱照、浪漫而实在的情侣吧？江边有个小埠头，崩离零落的石板石阶，仍然任由经年不变的江水恣意冲刷；两三条仪容破旧的舢板船，许多支入水动作不规范的竹篙，继续拒绝繁华，与不远的车水马龙咫尺天涯。还有那习习江风，在没有阳光的春日，诉说自己的昨夜残梦，传送自己的远方情话……

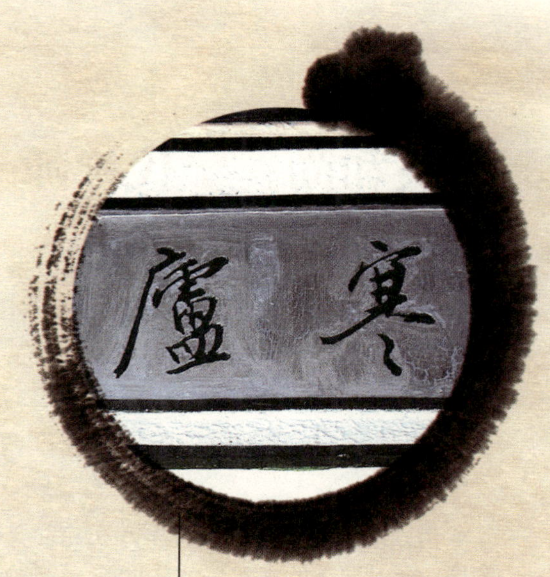

走近名人

总有一些显赫让文字仓皇，总有一些丰稔让季节惊慌，总有一些语焉不详让感念插上翅膀，总有一些男儿让生命叩响热辣辣的过往，总有一些名字让历史时不时地回望曾经的灿烂与辉煌……

石头和尚：一代禅师

一囊布袋可装出一个和尚，一把破扇可摇出一个活佛，一竿白苇可杭出一位高僧，难道一块顽石，就坐不出一代禅师？

石上结庵传法弘道

由“本来无一物”的禅宗六祖惠能在韶州曹溪宝林寺（今南华寺）为其剃度，于是曹溪的佛光与日月同辉；跟师兄行思禅师学禅于江西吉州青原山静居寺，于是“众角虽多，一麟足矣”之叹响彻千年空谷；受命前往南岳般若寺观音台参学于怀让禅师，于是南禅文化开始被“顿悟”、被“渐修”。唐天宝元年（742年）受请住持衡山南台寺，见寺东有一平坦如台之大石，即在石上结庵而居，讲授禅学，于是“石头和尚”之名噪然如虹。相传，唐宝应年间（762～763年）回家乡，在崧台驿（今阅江楼侧古崧台）旁的鹄奔亭弘法，于是被南宋隆兴年间（1163～1164年）的肇庆知府张宋卿记怀，改建鹄奔亭为石头庵。唐广德二年（764年）应门人之邀，石头和尚往长沙招提寺传法弘道，于是门下云集，与怀让禅师高徒、弘法于江西南康的马祖道一被合称为“并世二力士”，平分禅宗天下。贞元六年（790年）无疾而终于南岳，肉身香郁，留禅学经典三部，嗣法弟子21人，被唐德宗赐谥“无际大师”。禅宗之树上“参同回互”之枝，“曹洞”、“云门”、“法眼”三花齐放，于是石头和尚这位与六祖惠能并称为“中国禅学日月双星座”的大师，被清雍正帝加封为“智海无际禅师”。

三十五世石头希迁禅师

三部禅学经典

石头和尚，因看《肇论》而悟道，随后在利用打手势、棒喝、答非所问、反语、重复问者话等方法修禅之余，著《参同契》、《草庵歌》、《心药方》等流传至今的佳作。

《参同契》以五言古体诗阐述了世间事理参同互回的禅学思想：

竺土大仙心，东西密相付。人根有利钝，道无南北祖。灵源明皎洁，枝派暗流注。执事元是迷，契理亦非悟。门门一切境，回互不回互。回而更相涉，不尔依位住。色本殊质象，声元异乐苦。暗合上中言，明明清浊句。四大性自复，如子得其母。火热风动摇，水湿地坚固。眼色耳音声，鼻香舌咸醋。依然一一法，依根叶分布。本末须归宗，尊卑用其语。当明中有暗，勿以暗相遇。当暗中有明，勿以明相睹。明暗各相对，比如前后步。万物自有功，当言用及处。事存函盖合，理应剑锋拄。承言须会宗，勿自立规矩。触目不会道，运足焉知路？进步非近远，迷隔山河固。谨白参玄人，光阴莫虚度。

这部文机深奥、集聚石头和尚毕生智慧的哲理大椽，一直都是少林武僧的必修课之一，至今仍是日本曹洞宗僧人晨昏必诵的功课。

《草庵歌》生动明快，反映了他后半生的草庵生活：

吾结草庵无宝贝，饭后从容图睡快。成时初见茅草新，破时还将茅草盖。住庵人，镇常在，不属中间与内外。世人住处我不住，世人爱处我不爱。庵虽小，含法界，方丈老人相体解。上乘菩萨信无疑，中下闻之必生怪。问此庵，坏不坏，坏与不坏主元在。不居南北与东西，基址坚牢以为最。青松下，明窗内，玉殿朱楼未为对。衲被蒙头万事休，此时山僧都不会。住此庵，休作解，谁夸铺席图人买。回光返照便归来，廓态灵根非向背。遇祖师，亲训诲，结草为庵莫生退。百年抛却任纵横，摆手便行且无罪。千种言，万般解，只要教君长不昧。要认庵中不死人，岂离而今这皮袋。

《心药方》以极其特殊的医药处方形式出现，实是禅师用心良苦，为方便教化而设：

凡欲齐家、治国、学道、修身，先须服我十味妙药，方可成就。何名十味？慈悲心，一片；好肚肠，一条；温柔，半两；道理，三分；信行，要紧；中直，一块；孝顺，十分；老实，一个；阴骘，全用；方便，不拘多少。

此药用宽心锅内炒，不要焦，不要燥，去火性三分，于平等盆内研碎。三思为末，六波罗蜜为丸，如菩提子大。每日进三服，不拘时候，用和气汤送下。果能依此服之，无病不瘥。

切忌言清行浊，利己损人，暗中箭，肚中毒，笑里刀，平地起风波。以上七件，速须戒之。

以前十味，若能全用，可以致上福上寿。成佛作祖。若用其四五味者，亦可灭罪延年，消灾免患。各方俱不用，后悔无所补，虽扁鹊卢医，所谓病在膏肓，亦难疗矣；纵祷天地，祝神明，悉徒然哉。况此方不误主雇，不费药金，不劳煎煮，何不服之？偈曰：

此方绝妙合天机　不用卢师扁鹊医
普劝善男并信女　急须对治莫狐疑

人文高要

尘寰中的禅机

为热苦行不争水，有心牧野即释尊。“即心即佛”的石头和尚，像石头一样寂静而禅意，像草尖上的露珠一样随心作伴明月，率性承沐朝晖。就算身后千年，肉身也一直保持完好；就算战火纷飞，流离辗转，也能“泯绝无寄”，安然若素；就算真身移居日本横滨总持寺，也能受尊蒙敬。

无水无月潭亦空。我曾无数次在南韶菩提树下苦思冥想，可睁眼看见的树还是树，叶还是叶，头顶的天空还是天空，脚下的泥土还是泥土，拂不去的依然是心中沉重的尘埃。也曾无数次在西江古崧台前寻梅观浪，可侧耳听到的依然是不息的涛声、鼎沸的人语、渐稀渐远的蝉鸣，想起的依然是飞鹄振翅之际惊落的一句句偈语。什么时候，希迁大师的肉身舍利能顺利回到中国？不管安奉在南岳南台寺、张家界天门山寺，还是高要莲塘宝莲寺，都是佛国的乐园。

“苦难中安排宝筏广发慈悲为渡众生登彼，尘寰里别具禅机若能悟透便消万劫皈诸。”我想，有缘之人若能登彼、皈诸，芸芸中之苦难还是苦难，扰扰中之万劫还是万劫么？

梁寒操：书生、政客与斗士

梁寒操是一本线装书，由寒庐作序，溪声山翠题跋，苠绩而就，昭猷以成。

打开这本书，历久弥醇的墨香扑鼻而至，行文简朴的字节秩畅有声，任何一位读者，都可以在追思怀远中读出一份执著，一份儒雅，一份才情。

为了便于阅读，先将此书的有关情况简单介绍如下：

梁寒操像

出版发行：梁玉简、何瑞伉俪
责任编辑：历史
装帧设计：封面——三民主义；封底——传统文化；
书脊——民族精神
校对插图：黎剑虹
正文语种：繁体中文
开　　本：大16开——不骄不吝，不忮不求，不怨不尤，不卑不亢；
有谋有猷，有为有守，有志有节，有量有恒
印　　张：78
印　　数：1册
出版书号：ISBN 1898-6-12—1975-2-26
内容提要：岭南才子蓬莱仙客，文章巨擘党国元勋
精彩之处：监誓、谈判新疆，力挺余（汉谋）、黎（雄才）两老乡
最大看点："驴味"十足
不足之处：典藏孤本，盗版不了，翻印不得
读者评价：为国家民族社会保持正义，凭道德文章器宇永著清操

"肩揹文人道义，手著戎马华章。"这是本人对梁寒操这本书的总体印象。他似屈原而不逊陆放翁，如丘逢甲而还迎文天祥，一身正气，两袖文风，堪称世代楷模。

最精彩处，家国同志情

梁寒操这本书，最精彩处，在于新疆之行，在于对余、黎两位老乡的知遇之恩。1942年8月，冒着生命危险，深入新疆，遏制了盛世才的分裂企图；1943年春，率领官员，代表国民党中央前往新疆监誓。这两次赴新疆，说服盛世才归顺国民党中央，为国家统一对外、团结抗日立下了汗马功劳，“三民主义”教父的壮志豪情，日月可鉴。而对两位老乡的情谊，又有些不同：于余汉谋，是同侪同僚同志；于黎雄才，是相知相惜相助。他与余汉谋，并肩于广州、武汉、南京，一起辗转于川渝黔桂，出生入死、共同抗日；一起退走台湾。一篇梁寒操为云樵科学馆撰书的291字碑记，一副余汉谋敬挽的对联“君操翰藻，我列戎行，主义弘宣同许国；学究天人，书腾龙凤，文章匡济失鸿儒”，足见他们心志相通，友谊长存。他邀黎雄才自桂林至重庆，西南4年，游名山，历大川，拓宽其视野，捧场其画展，先供其起居，后安顿其生活，夯实其艺术基础。他那人我不二的境界，无疑为黎雄才的国画追求指明了方向。

梁寒操书法

最凄婉处，生离死别泪

梁寒操这本书，最凄婉处，在于继母陆群芳去世（1946年1月28日）之际，自己远在千里之外的南京，奔忙于繁重的工作之中而不能回家奔丧，只能以一封急电“惊悉母亲弃养，不克南回奔丧，抱恨终身！”和一副贴在寒庐上的粉红色对联“万户皆春，吾门独素”来表达深深的悔意和绵绵的追思。1946年初秋，他回乡拜祭继母后在七星岩休息时提笔即就的那首七绝，更是让人禁不住动容唏嘘：“依然深秀星岩树，一样逍遥北岭云。屈指睽违廿三载，如今重见更相亲。”至于张大千大师曾花巨资，由巴西2500只3岁小牛耳上采集绒毛，委托日本著名的神田玉川堂制作了8支画笔，将其中的2支送给台湾梁寒操（自己留2支，2支送给西方毕加索，2支送大陆谢稚柳）时，先生已经故去，张大千嘱咐将笔在坟前燃烧，这份最后的敬意，是何等的凄丽，何等的哀婉，何等的惺惺相惜！

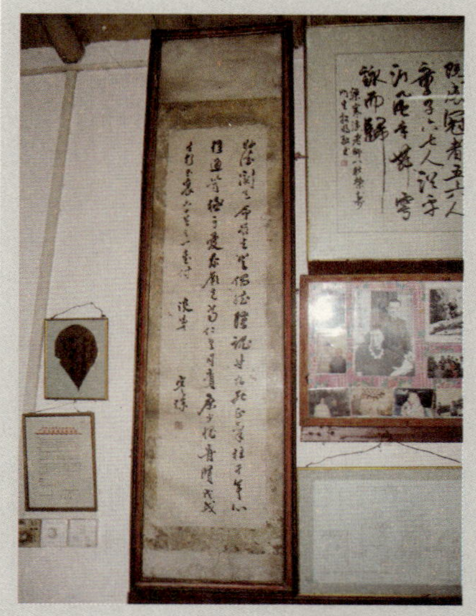
梁寒操书法

梁寒操伉俪

最亮丽点，公道正义心

梁寒操

梁寒操这本书，最大看点就是“驴味”十足。如果以一物喻人，对于民国政坛才子梁寒操，不才的我斗胆冒着被无数砖头拍脑的危险，从心底响亮地喊出那个不太好发音、但余声缭绕的汉字——“驴”。没错，梁寒操就是一头驴，一头有思想、有文化、有道德、有纪律的“中华驴”。他有温躁的“驴性”，有稳健的“驴行”，有高尚的“驴德”。

他性情温和，儒雅本分，但被惹急了的话也会暴起而踢之。为国家民族社会，他时不时在关键时刻挺身而出，如：宁汉分治时期，和宋庆龄、何香凝、孙科、冯玉祥等联名通电，要求南京国民政府执行孙中山先生三大政策；1938年3月16日与9位国民党知名人士在武汉《大公报》上发表声援陈独秀先生的公开信；1946年7月至1948年7月，创办《革新周刊》，严责国民党内的腐败，呼吁革新……他得到孙科的信任，却因为广州“国民政府”而红脸；他得到汪精卫的赏识，却因为武汉“国民政府”而翻脸；他得到蒋介石的重用，却因为南京“国民政府”而黑脸。然而，他的每一次“变脸”，无不出自公道，出自公心，出自公理，所以就是被他的正义之蹄踢过之人，都对他心无芥蒂，肃然起敬。

自1923年冬正式加入中国国民党后，梁寒操深受孙科、汪精卫、蒋介石的赏识，从国民党的党部干事到国民政府立法委员，再到国民党中央宣传部长，他行为稳健，一步一个脚印往前走。

解放前夕，赴香港新亚书院和培正中学教书。1954年5月，担任“中国广播公司”董事长，兼任国民党中央评议委员、“中美文化经济协会”理事长、《广东文献》主编、“革命实践研究院”讲师等职。1972年，被台湾当局颁发“实践奖章”，表彰其一生以宣传真理和服务社会为职志，准其退休，改任“中国广播公司”和“中国电视公司”常务董事。1975年1月初，被任命为“总统府”国策顾问。1975年2月26日因心脏病突发急性心肌梗塞去世。其书生戎马，一路风，一路雨，一路枪声，一路花语。

他品德高尚，受人景仰。以管窥豹，一首《驴德颂》就足见其品格之清高，信仰之笃定，志节之贞一，操守之廉洁：“木讷无言貌肃庄，一生服务为人忙。只知尽责无轻重，最耻言酬计短长。绝意人怜情耿介，献身世用志坚强。不尤不怨行吾素，力竭何妨死道旁。”无言，无计，不尤不怨，鞠躬尽瘁死而后已；道德，道理，道统，不遗余力殉之以终。这是一种怎样的万物并与情怀？这是一种怎样的禅定恒一精神？

虽然梁寒操这本书已经珍藏到永不尘封的历史图书馆里，偶尔才被人翻阅，但是，只要文学还有梦开花，只要书法还有墨飘香，只要历史还需凝眸回望，梁寒操这本浸淫着中华传统文化的精装版线装书，一定会在中华大地上绽放出它该有的耀眼光华！

梁寒操故居寒庐

黎雄才：以画重塑新山水

浅陋迟识终究于心难谅，恶补速知不免流俗欠当。

知道黎雄才，由书法始惊，因美术后叹。作为一名编辑，我曾在顺德教育局目睹过他为《顺德教育》杂志题署的刊名；作为一个“龙迷”，我曾在世界武术大师李小龙的家乡——顺德均安欣赏过他“功夫之王”的墨宝；作为一个书法爱好者，我曾在湖北武昌黄鹤楼的碑林狂吟过他书写的陈抟对联“开张天岸马，奇逸人中龙”。而今天，终于在大师故里，在桑梓人们为他所建的专人艺术馆里，一一聆听大师的足音，一一游历大师的灵韵，饿汉见珍馐般地享受艺术，享受大师为人类留下的精神。我之心动啊，怦然如鹤起；我之快慰啊，如袖盈风。

黎雄才像

《峡山之春》

《秋山道中》

黎雄才艺术馆

中西结合的艺术馆

黎雄才艺术馆是由高要市政府投资，港、澳、台同胞捐资，社会集资，总共耗资300多万元的个人艺术馆。艺术馆于1993年3月2日剪彩揭幕，位于城区中央，占地面积8800平方米，建筑面积2728平方米，馆内设有八厅（六个展览厅、一个中庭大厅、一个贵宾厅）、八室（四个办公室、两个设备室、一个视听室、一个音像室）、四房（两个贵宾客房、一个警卫值班房、一个杂物房）、一库（收藏书画艺术珍品画库），极适宜书画作品展览。在黎雄才艺术馆前门廊两旁，各种有三棵笔直的苍松（松树是黎雄才至爱的艺术素材），正前右侧为高要城区奠基碑的双层建筑六角亭，左侧建有一座竹节三角亭和一座四角亭，可谓“馆因园秀，园因馆奇”、“自然与艺术巧妙结合在一起”。艺术馆整个建筑采用现代建筑与民族古建筑相结合之形式，园林布局，楼高三层，高低错落有序，绿瓦盖面，花岗岩石装修，既具有中国古代文化之特色，又有中西结合的型造法式，让我感到艺术的神奇魅力。

黎家山水黎家松

在欣赏完“黎雄才艺术馆”这几个由启功书写的刚劲有力的大字后，我便迫不及待地“登堂入室”，身伴诗友而不停，心随画转而不滞。

先映入眼帘的是独立悬挂在一楼中庭大厅墙壁上的《黄河》。这幅242cm×595cm的巨作，以宗法宋画，类似马远、夏圭大刀劈的用笔，强笔偏锋，刀削山石，拖泥带水，通过笔底云烟，挥洒出黄河一泻千里的壮美气魄。我一开始就被震撼了，但绝不仅仅因为黄河。

登上二楼展厅，不同展室展出的每一幅大师作品，都给人以艺术美的享受。我逶迤在黎老的作品里，细心地寻找着每一座沓沓关山之中的绿意，静心地吮吸着每一口洌洌清泉之上的松香，痴心地观望着每一个山林的春雨秋色，醉心地倾听着每一个空谷的流音飞响，尽心地考

《轻舟已过万重山》

《罗岗香雪》

《林区新苗》

据《白云出处从无例》的《苍松》，驰心地《探源》《幽潭》外的《夏日》《寒汀》……面对繁复而不凌乱的大作，我辈凡心如云，怎出岫？

我不仅喜欢他早在岭南之时风格幽静雅洁的山林秋色、烟云雨景作品，也喜欢他西北旅行后作风一变而为气势恢廓、沉雄朴茂的巨幅作品；不仅喜欢他的《春晴雀戏》、《竹小猫》、《野趣》，也喜欢他的《激流放筏》、《鹰角石》、《行洲》。当然，出于自身因素，我尤为偏爱他的“猿猴”题材作品和“红色”题材作品。

黎雄才的山水画中，以猿猴点苍松之景者屡见不鲜。如挂在展厅、并被收入《黎雄才佳作赏析集》（2004年9月第一版）的，就有《寒夜啼猿》（1931年）、《猿桥春雨》（1934年）、《白云深处深猿啼》（1975年）、《清晓猿啼》（1979年）等，此外还有作于1978年的《岭外猿啼》，作于1980年的《深山万壑暮猿吟》，作于20世纪90年代的《清猿古木中》、《猿啼秋山万木中》、《猿声万里同》等。那只“冷泉亭山呼嫌少，巫峡舟中听厌多”的老猴，凄寒月夜下，扬眉蹙额，若愁若嗔，让人生怜；那座以猿命名的崖桥，距今已有1300多年历史，因一场邂逅的春雨，让画家一惦记再重游就是60年，让人一看就沉醉其中；那只攀援摇曳于垂藤之上的猿猴，让人顿生激灵之趣；那几只快乐吵闹于乱松高枝的俏皮之猴，让人顿生通灵之气。这些点景之猿猴，又何尝不是黎老先生的点睛之笔呢？

“感念其山水之秀质，入于吾胸中之丘壑，实乃大师之雄放笔触，置于吾故乡红土烈壤之上，余之私心不轻而使然耳。”这是我之所以特别喜欢黎老“红色”题材作品的重要原因之一。在作客他乡之时，突然能看到同一位画家笔下的《瑞金沙洲坝毛主席办公处》、《长征第一山》（1972年为广交会而作）、《瑞金绵江河畔》等故乡景致，那种土逢甘霖、喜不自禁之情，不言而喻。它们使我不由想起那个烽烟四起的年代，想起那些为了争取自由而奉献一切的祖辈乡亲，想起生养自己的那片热土和仍在土地上辛勤耕作的兄弟姐妹。

我一直认为：“大儒似峰，大禅若谷，大道如水，大释像林。”而黎雄才之画，林水谷峰皆备，实属大家典范。他善于运用强健有力的笔法，以焦墨、渴笔创作，所作气势恢廓，雄健秀茂，意境深邃，情趣盎然，松、石、水描绘独树一帜，凝聚着中华民族不屈不挠、蓬勃向上的精神，创立了被画坛美誉的“黎家山水”。他既传承岭南画派，又融合中西绘画技巧，崇拜日本横山大观绘画风格，对传统用墨进行大胆尝试，并获得巨大成功。“树木树人桃李芬芳一代门墙传薪火，行吟行笔云山峭峻千秋风骨寄松涛。”

中国艺术界的典范

当我看完所有展品，下到一楼见到“雄踞岭南”的题匾时，我开始思考：是什么让黎雄才书画兼修而浑然如水墨于一笺？是什么成就了“黎家山水黎家松”？

季羡林教授在《站在胡适之先生墓前》一文中写道：“一个人生在世间，如果想有所成就，必须具备三个条件：才能、勤奋、机遇。行行皆然，人人皆然，概莫能外。”并特别提到“机遇”中最重要的是“恩师”。专于一行的人没有无才华的，没有不勤奋的，差别只在于冥冥之中谁也无法控制的机遇，尤其是机遇之中的“恩师”。试想：如果没有自幼在父亲的启蒙教育和艺术熏陶下，6岁开始拿毛笔画画，8岁临摹古画，在肇庆中学读书期间的黎雄才能得到陈鉴老师（高剑父同学）的悉心指导吗？如果没有高剑父的肇庆之行，没有高剑父的爱才资财，没有高剑父的惜才用才，黎雄才能够求艺春睡画院，能够东渡扶桑，能够回国任教于广州市立美术专科学校吗？如果没有梁寒操，黎雄才能够那么顺利地入蜀写生、敦煌临摹吗？如果没有关山月，黎雄才能够将脸灰头垂的“既生瑜，何生亮”的历史慨叹化作一轴轴山水，映照杳杳关山月，共沐凌凌岭南风吗？如果没有大时代、大生活，黎雄才能够巨幅长卷、木铎传薪、寄情江海、恣意山水吗？

黎雄才出生于清末，成就于新中国。他的一生是绘画艺术的一生。他的艺术成就，传承岭南画派，融合中西绘画技巧，大胆创新，追求个性，追求创意，给人以艺术享受。他的作品，气势恢宏，主题突出，松、石、水描绘与众不同，三种物体质感效果突出，品位高雅，情趣盎然，用笔、用墨更让画坛赞不绝口。他塑造的苍松荫庇岭南，其艺术高峰耸立在21世纪书画苑里，令世人瞩目。他对中国画，尤其对中国山水画的探索和实践是前无古人的。

《潇湘夜雨》

黎雄才与同辈画家不同，以盈丈大幅作品见长。在20世纪的60~70年代，黎雄才“老夫聊发少年狂”，进入了大幅画面的创造期，很多作品被各大宾馆、大使馆、人民大会堂、天安门城楼、北京钓鱼台等单位收藏，最大一幅达42平方米。每幅作品气势宏大，用笔飘逸，焦墨的运用栩栩如生。其挥写之青山绿水，气势清旷绝俗，千峰竞秀，烟云氤氲，瞩目咫尺，意在千里。他的山水画中之松，皆放在显要位置，棵棵苍松，或生机勃勃，郁郁葱葱；或顶风傲雪，意态高华；或长于悬崖，坚挺不拔；或参差错出，千姿百态。他的山水画达到了意境深邃的纯艺术意境。高要黎雄才艺术馆内藏有其各个历史时期的杰作，走进馆内一幅幅妙笔生花的画图带你走进诗情画意的美景之中。

走出艺术馆，我思绪荡漾：一位画家，本身就是一本画册，凝练而厚重地打开在文化面前；一位画家，始终都是一缕清风，轻盈而明丽地吹拂历史的天空；一位画家，永远都是一座丰碑，巍峨地矗立在文明的原野。黎雄才是岭南画派的巨擘，是广东文化的荣光，是中国艺术界的典范。

艺术永恒，雄才不朽！

《清晓猿啼》

余汉谋：饮恨的一代武将

余汉谋是一本可以存世的书。

他有着显赫的头衔：国民革命军陆军总司令、一级上将。

他曾在中华民族危难之时，率军抗击日本侵略军，打出了中国军人的威严与气概。

他曾和中国共产党有过刀枪交锋，在祖国大地洒下过悔恨的泪水。

他在祖国的宝岛台湾，晚年倚窗西望家园，盼中国统一，盼回家乡亲吻故土。

他有着太多的故事，太多的传奇，太多的故土之情……

余汉谋像

求学，艰辛

1896年9月22日，余汉谋出生在高要县肇庆镇的一个盐商家庭。当时，正值清末动乱之年，余汉谋的父亲余起鹏明显地感到生意越来越难做了。也就是从这时候起，一向殷实的余家开始走下坡路，年少的余汉谋倍感生活的艰辛。

余家是一个大家庭，十几个兄弟叔侄共同生活在一起。从前生活殷实时，人多倒也热闹，后来家道衰落，人多就成了一个大负担了。到了余汉谋6岁时，只能靠姐姐的资助，读到高等小学毕业。小学毕业后，余汉谋考上了广州黄埔陆军小学，一直读到保定陆军军官学校毕业。

主敬以立其本
穷理以致其知
反躬以践其实
录程若庸语
穗文吾女
汉谋

余汉谋书法

戎马，征途

1919年秋天，余汉谋从保定陆军军官学校毕业后，被分配到皖系军队任少尉排长，从此步入军界，开始了他长达几十年的戎马生涯。

1920年，余汉谋回到广东，在粤军第三师任连长。当时广东正是孙中山发动第三次护法运动的基地，余汉谋只是粤军的下级军官，参加了讨伐桂军陆荣延的战役。平定两广后，余汉谋升任少校营长。1925年8月，中国国民党领导的广州国民政府决定把在粤的各路军队统编为国民革命军，统一受国民政府指挥。就在这个月，余汉谋被国民政府委任为国民革命军上校团长，从此走上了国民革命的道路。

失土，遗恨

1938年6月，日本侵略军从海上进犯广东省南澳岛。当时，余汉谋是广东省的最高军事长官，由于主客观方面的原因，南澳岛最终失守，这是余汉谋在抗战中失去的第一份国土。

同年10月12日，日军以7万陆军、500艘战船、100架战机的兵力，强行在大亚湾登陆，并向广州方向进攻。

大敌当前，余汉谋与广东省长吴铁城、广州市长曾养甫带领广东省的党政军机关撤离广州，最终因诸多原因导致广州等地陷落日军手中。

守土，尽责

余汉谋带领驻粤的党政军机关撤退至连县后，在英德至河源一带设置防线，开始积极的抵抗。1939年底和1940年夏进行的两次粤北会战，是余汉谋在抗战期间的雪耻杰作。

1939年12月，日军为了配合对广西南部的攻势，以近3万人的兵力，从广州向粤北进犯，企图一举歼灭驻守在那里的余汉谋的十二集团军。当时，余汉谋有12万兵力，虽然武器方面比不上日军，但依托粤北的大山大岭，加上失守广州一年来带来的耻辱，使余汉谋和他的战士们斗志冲天，决心以此一役来报仇雪耻。至次年1月，终于把日军赶回战前的阵地，彻底粉碎了日寇第一次进犯粤北的战略企图，赢得了广东军民自抗战以来的第一场大胜利。5月日寇又派出2万精兵卷土重来，第二次向粤北防线扑来。这一次，余汉谋集中优势兵力，诱敌深入山地，然后分割围歼日军，打得相当激烈。到6月5日，日军全线撤退，第二次粤北会战又以余汉谋的十二集团军获胜而结束。两次粤北会战的胜利，挫败了日寇利用广东切断粤汉铁路，威胁湘桂后方，最终迫使南方各省投降的战略企图，并且有力地配合支持了桂南会战，振奋了两广军民的人心。

刀锋，错向

抗日战争结束后，余汉谋出任衢州绥靖公署主任，在中原战场上参与内战。在这段血雨腥风的内战年月，余汉谋率部与解放军交战无数，总是输多赢少，蒋介石对他爱恨交加。进入1948年后，国民党大势已去，共产党开始全面反攻。就在这个特殊的年头，余汉谋临危受命，升任国民党军队的陆军总司令。蒋介石希望余汉谋能重振军威，与解放军进行最后的决战。无奈时势已去，余汉谋在解放军面前一败再败。

1949年10月上旬，解放军摧垮了余汉谋的三层防线，攻克了广州。至12月21日止，广东全境除海南岛外全部解放。余汉谋只好率残部败逃海南，由广州绥靖公署主任降职为海南特区行政公署副长官。之后，解放军又一鼓作气攻克海南岛，兵败的余汉谋只好来到台湾，出任“总统府”战略顾问等闲职。

在台湾的日子，余汉谋几无大事可做，常读书题字，晚年皈依基督。

余汉谋（右）与蒋介石

邓兆祥：从救国到强国的“大海之子”

他像一只海鸥，深爱着蓝蓝的大海，把一生献给了大海，献给了中国的海军事业。在长达72年的海军生涯中，他经历了北洋政府、民国政府和中华人民共和国三个时期的中国海军，目睹了中国海军由弱到强的发展过程。邓兆祥的一生是充满传奇色彩而又曲折的一生。

中国史上年纪最小的海军学员

邓兆祥，出生于清末1903年4月，广东省高要县人。父亲是一名税务局的查货员，母亲务农。兄弟姐妹12人中，邓兆祥排行第六，因当时家中生计困难，无法读书。其时有个远亲邓瑶光（时任广州警察厅厅长）对聪明好学的邓兆祥印象很深，决定帮他一把。经邓瑶光担保引荐，并报大了2岁，终于进入黄埔海军学校学习，成为第16期学员，从此开始了漫长而又曲折的海军生涯。

邓兆祥在黄埔海军学校经过5年的学习完成所学课程。毕业后再北上山东烟台海军学校深造，后又到南京鱼雷枪炮学校学习，毕业后到舰上实习。10余年的学习，邓兆祥掌握了海军的舰海、枪炮、水中兵器等多种专业知识，并从实习生逐步升迁为副部门长、部门长和少校副舰长。1928年1月，经黄埔海军学校同学梁康年的介绍，邓兆祥第二次来到汕头广东海军“飞鹰”舰任上尉枪炮正。

邓兆祥任“长治”号第一任舰长，这是他在该舰主炮前的留影。

赴英国皇家海军学院深造

邓兆祥像

1929年，国民党政府派优秀海军基层军官去英国皇家海军学院学习，邓兆祥被选派到英国留学。他先在英国舰艇上见习，后又进入格林尼治海军学校学习指挥专业，经全面考核，他作为最优秀的学员进入英国皇家海军学院各专科学校深造。邓兆祥在英国学习5年多，被委派为南京鱼雷营营长，当时被称为“英国海军通”。

1945年8月15日日本宣告无条件投降，第二次世界大战也宣告结束，原中英双方协定赠8艘军舰给中国，英国人变了卦，认为没有必要再训练中国海军，也没有必要赠给中国舰艇，出尔反尔地告吹了。然而，赠舰艇给中国的事，全世界都知道的。经中英双方谈判，英国才无可奈何地答应只把巡洋舰“重庆”号给中国，而另一艘名为“灵甫”号的护卫舰只作借给中国使用，并同意中国继续分批派出官兵到英国学习。1946年11月国民政府派邓兆祥率领第三批中国海军数百人乘坐澳大利亚“皇后”号去英国学习，并接收英政府赠送的一艘7000吨的“重庆”号巡洋舰。由于邓兆祥曾在英国皇家海军学院深造过，成绩优秀，英国人对邓兆祥的才华非常赞赏，认为他是一名海军通，能够胜任接收巡洋舰重任。1947年8月，邓兆祥与海员们登上“重庆”号开始试航，1948年5月试航完毕。国民政府正式接收“重庆”号并任命邓兆祥为“重庆”号巡洋舰舰长，晋升为海军上校。经过一段时间准备，1948年8月，邓兆祥正式驾舰回国，途经新加坡、香港等地，受到爱国侨胞热烈欢迎。舰艇驶到上海时，只见黄浦江上满是外国海军舰艇。由于上海只许英、美的舰艇停泊，“重庆”号不得不停泊在江南船厂的江面上，不久便调到葫芦岛基地，10月10日参加了塔山阻击战役。同年12月“重庆”号又奉命开去山东青岛，但青岛受美国控制，不让进港，只好折回上海。

邓兆祥视察海军

“重庆”号起义

1948年11月“重庆”号回到上海。国民党统治区通货膨胀，官员贪污腐化，人民陷入水深火热中，舰上的官兵都不热心参战，都希望投奔解放区。在中共地下组织的帮助下，舰上秘密建立了27人组成的“士兵解放委员会”。1949年2月24日，士兵解放委员会决定在上海吴淞口起义，并争取了为人正直、有较高威望的邓兆祥支持。

在舰上进步官兵的支持下，1949年2月26日，“重庆”号毅然在上海吴淞口发动起义。起义那天，邓兆祥挺身而出，毅然下令，开船！随即走上舰梯，稳驾“重庆”号冲出长江口，直向山东烟台驶去。国民党政府发现“重庆”号驶离吴淞口，旋即多次派出飞机侦察，最后发现“重庆”号起义投奔共产党，停泊在解放区烟台港。国民党海军出动了大批轰炸机跟踪“重庆”号，沿途实施轰炸。为了避免重大损失，邓兆祥他们本想把舰艇开进旅顺口暂避，后经中共中央批准，同意“重庆”号开往葫芦岛基地。邓兆祥舰长和舰上官兵同心同德，战胜困难，终于把“重庆”号驶到解放区，投向人民的怀抱。毛泽东主席和朱德总司令也来电嘉勉。“重庆”号巡洋舰因此写下光辉的一页。

把一生奉献给中国海军事业

新中国成立后，邓兆祥历任安东人民解放军海军学校、青岛海军舰艇学校、大连海军学校校长以及海军青岛基地和北海舰队司令部副参谋长，副司令等职。1949年9月21日，他参加了全国第一届政治协商会议并当选为政协委员，此后，曾任第一、二、三、四届国防委员会委员，第一、二、三、四届全国人大代表和第五届全国人大常委会委员，第六、七、八届全国政协副主席。

1955年，被授予海军少将军衔，并获一级解放勋章。1965年7月光荣加入中国共产党，1981年12月任海军副司令员，1988年获中国人民解放军胜利功勋荣誉章。

在担任海军学校领导期间，他是一位辛勤的园丁，废寝忘食、大胆探索、深入学习、调查研究、自编教材、自制教具，讲课深入浅出，通俗易懂，深受学员爱戴。同时他经常深入部队视察，为海军现代化建设事业的发展和振兴贡献出毕生的精力。

邓兆祥以坦荡无私的胸襟，一尘不染的灵魂，经历了72年风风雨雨的海军生涯，如丰碑耸立，受世人景仰。他的一生属于大海，也无愧于大海，他是名副其实的“大海之子”。

邓兆祥回家乡

邓斌：明朝昭武将军

“论勋爵以冠云台，国难求援，东汉酧庸原不忝；封将军而显昭武，堤防创筑，西江暴涨永无虞。”

这是民国才子梁清平于1944年拟作的一副对联。此联概括的是谁人的风云一生？此联绵延的，是怎样的一种格物情怀？

无需百度，那位名叫邓斌的将军，自信从容地带着大明户籍，带着身穿飞鱼服、腰佩绣春刀、威武雄壮的锦衣卫队，从南京赶来，从燕京赶来，从历史深处风风火火地赶来，出现在腼腆的现实高要面前。鹧鸪岗（今高要市南岸街道新江一村），从此鹏程随风举，天地伴月明。

聪慧过人，平步青云

邓斌（1364～1435年），字税堡，为岗东第三世祖。自幼念祖父汝显（字仲达）乃高要邓族始祖材辅公宋朝议大夫邓珉之曾孙，丝毫不敢有辱没皇臣之后名声之举，随祖父避战乱隐匿于新桥这个土名叫“黄坭窟”的蛮荒之地，勤学文爱习武；后随父端平（字一清）转迁鹧鸪岗东边定居。

他20岁应试恩科即一举成为恩贡生；21岁赴江宁府（今江苏南京）应试，因能文善武，被录取分配任锦衣卫镇抚助事；24岁，因侦处户部侍郎郭桓贪污案立功，升为镇抚；25岁升为指挥佥事（正四品）；35岁，晋升为锦衣卫同知（从三品，是副统帅）；41岁，因忠于先帝，被明成祖朱棣旨令为锦衣卫指挥使（正三品，是最高统帅，由皇帝指令），册封为昭武将军，禄正三品，诰封冯氏、罗氏为三品淑人，驰封祖父母、诰封父母为昭武将军和淑人。

知机而退，含饴弄孙

他兢兢业业，极得明成祖重信，尽管权势显赫朝野，但他还是能够在东厂、西厂设立分权后考虑要害，急流勇退，经多次奏请，终于在57岁时获准告老归田。皇帝念其忠勤三朝及健全庞大锦衣卫的功绩，传旨赏给金银、布帛，并赐官田三百亩（在今活道一带），又授其长子世雄袭荫千户长（正五品）。邓斌有五子，在归田故里之后，多以在家教育儿孙处世。晚年以自身经历，编有一简要训言以铭后世：“勤奋志坚为本，克己俭欲为目，以智胜力为标。志各图宜，必争图首，握机鸿图。忠耿勿愚，色财勿贪，处事勿厌。”后世若能深领此格言精髓者皆昌，尤是五、六世祖及其直接聆教，发达者多。邓斌后期将长子、次子、三子裔定居鹧鸪岗，四、五子及妾李氏定居官田。其卒于明宣德十年乙卯（1435年）十月二十一日午时，初葬大乾围酒杯笃，明嘉靖四十四年（1565年）迁葬黎坑。

热衷公益，筑围护农

明永乐二年（1404年），邓斌假期归里，与同时入贡的好友、时任肇庆府通判的莫以信和乡绅钟环聚论及新桥一带时有旱水之灾，为造福乡邻，合议请皇旨准于新桥一带筑一堤围。皇帝准奏。堤围历经3年筑成，称作“新江围”，全长12.43公里，捍卫着14050亩农田，61个自然村。后因围局迁往新桥圩，而新桥圩属银江都，就改为“银江围”，又称之为“皇围”。自建此堤围后，围内乡民有所受益，无不赞邓斌之恩德。时至今天，其绩在当地广为传颂。

清嘉庆年间，新桥建永安寺，银江围群众念邓斌、莫以信、钟环聚三公之恩德，在寺中立碑纪念。光绪二十六年（1900年）邓族族长忆念邓斌之功绩，在邓氏宗祠之东建“昭武公祠”祀奉。1944年，百丈邓村重修宗祠。宗祠入伙时，得友族馈送木联无数，其中就有时任县政府秘书长梁清平所作并手书的本文开篇处援引的那副。

潦草的时间，可以掩埋功名的出口，可以叫醒沉默的孤单，但不能蒙住历史回望的眼，不能荒芜未来意气风发的潮湿之心。邓斌之裔，将继续行走在时间的苍茫正道上……

彭泰来：于功名下优雅转身

谁敢紧跟文化脚步踩响时代的风华，谁能紧握文化双手考问历史的天空，谁会紧抱文化精神谢绝朝堂的恩典？除却彭泰来，千年高要，别无二人。

彭泰来，生于清乾隆盛世的1790年，长于学风兴盛之英德，自幼聪慧，出生20个月即能诵读古经，14岁便能以诗与“粤东三子”之一的谭敬昭相酬唱，15岁补邑庠生（秀才），24岁以拔贡入太学。或许是因为入京会考不录，而钦加五品衔，即选教谕，只为自己有功于朝，所以不久罢归，退出科举考场，一概谢绝官府给予的荣誉称号和礼遇。

就这样，官场上少却了一个迁徙辗转、日夜忙碌的身影，文坛多了一颗耀眼的星星，杏坛多了一位乐于奉献的名师，乡野中多了一份清新儒雅的“春洲”气息。谁能说，彭泰来于功名立等可取时的转身不优雅、不华美、不充满文化智慧呢？

彭泰来书法

绝意功名后，彭泰来一边倾其所学，尽授门生；一边居家，以文字自娱。多才多艺的他，主习于少陵、昌黎、香山、长吉、东坡、遗山、梅村诸家，终成晚清时期的文学家、书法家、篆刻家和诗人。其“天才飚发”（《清史列传》）之诗，着笔新颖而流畅、简朴而生动，题材丰富，直面现实；其文简练雅洁，为时而著；其书法篆刻，“以隶书擅名，《花冢铭》书仿褒斜道，瘦硬独出，如伊墨卿”；其学术研究，涉及金石经史，成果颇丰。他的名著有《诗义堂后集》6卷、《昨梦斋文集》4卷、《高要金石略》4卷、《读史仇笔》6卷、《端人集》4卷、《端溪丛书》、《天问阁外集》等。

一间由状元林绍棠题匾以赠的“天问书屋”，至今仍激励无数学子不断问天；一句“香国非佛，蓉城非仙，女夷之阡，男儿可怜”（《花冢铭》），至今仍勾起不少骚客无尽的恻隐缠绵；一枚自刻的“赵斋”印，仍由其第五代世孙彭盛宗盖出当年风华；一副撰写于清咸丰十年（1860年）的对联——“莲花历劫香初地；云液飞泉响万峰”，至今还悬挂在庆云寺大门口的两侧，与山风应韵而舞，与溪水击节而歌。

彭泰来，让历史徐徐道出文人幸福的真谛：一个华美转身，胜于百年功名。

苏廷魁：耿直刚烈真性情

“为官三朝而耿直不改，执笔一世而性情依然。”苏廷魁，穷其一生，述其心志。

苏廷魁（1800～1878年），字德辅，一字赓堂，清代高要（今广东肇庆鼎湖区广利镇长利村）人。清道光元年（1821年）中举人，道光十五年（1835年）中进士，选庶吉士，授翰林院编修。道光二十二年（1842年）任御史。

第一次鸦片战争时期，苏廷魁力主修筑虎门炮台、燕塘、大沙河、龟岗等要塞，以防英军扰乱。《南京条约》签订后，苏廷魁上书朝廷，力陈时弊，归罪文华殿大学士、首席军机大臣穆彰阿（苏廷魁的恩师），还请皇帝下令降罪自己，以开直谏之路。道光为之动容，嘉苏耿直。

咸丰元年（1851年）4月，任工科给事中。上疏弹劾文华殿大学士、首席军机大臣赛尚阿，遭咸丰帝斥责，还将奏疏抹去名字交赛尚阿看，赛大怒，在一次官员宴会上怒问：“谁弹劾我？”苏廷魁立即站出应曰：“公负国，我苏某不敢负公。”3年后，有人建议借用英国军队镇压红巾军，苏廷魁力持异议，事始寝息。咸丰七年（1857年），与户部侍郎罗淳衍、太常侍卿龙元禧等在顺德成立广东团练总局，招募东莞、三元里、佛山练勇数万人，奋起反抗英军侵略。咸丰九年（1859年），清政府向侵略者屈辱求和，苏廷魁愤然回高要任端溪书院山长（校长），历时3年。

同治元年（1862年），苏廷魁受任河南布政使，后擢升东河河道总督，专管防治河南、山东境内的黄河与运河水利。在任期间因荣泽（今郑州西北）决堤，被革职留任，3个月后修复堤围，官复原职。7年后，称疾告退回乡。光绪四年（1878）病卒，终年78岁。

苏廷魁书法、诗文俱佳，鼎湖山“庆云寺”三字为其手书。著有《守柔斋行河集》2卷、《守柔斋诗钞初集》3卷和《守柔斋诗钞续集》4卷。

冯誉骥：书画盛名震四海

“文质相含济以学问，洁清自处造于高明。”

为官时被革职回籍，百年后书画被限制出境。“塞翁失马，焉知非福”此语，于“七龄童即能作擘窠大字之高要冯誉骥”（麦华三《岭南书法丛谭》），是人生注脚，还是艺术告慰？

冯誉骥（1822～1886年），字仲良，号展云，又号崧湖，晚年号钝叟，清代高要附城五经里人（今广东省肇庆市端州区五经里），是道光二十四年（1844年）举人、声韵学家冯誉聪之兄。道光二十一年（1841年），考取二甲进士第6名，授翰林院编修。其后曾担任山东和湖北等地的学政（相当于现代省教育厅厅长），官至陕西巡抚。

尽管非常重视农桑，兴修水利，受到陕甘总督左宗棠的称赞：“种树、开渠、农桑、学校，古之言治者，莫或遗之……公言及此，秦民之福也。”尽管采取“富户多捐，中户少捐，下户免捐”的办法，重建赋役仓库，贮粮积谷，以备凶荒，光绪九年（1883年），冯誉骥任陕西巡抚时，还是被御史刘思溥弹劾其贪渎、任用非人，并被革职回籍。

冯誉骥被罢官后侨居扬州，潜心研究和鉴定书画，收藏名画古迹甚多，书画技艺名震四海，“峭劲之中，有浑厚之气”，为“粤东三子”之一的张维屏所赏识，岭南人士皆以他为宗师，是晚清的书画名家。其书法逼真欧阳修，晚年效李邕，笔法灵活，体态丰腴，结构端方，顾盼生姿；画仿王翚，秀润工致严谨。其斋名为“绿伽楠馆”，有《绿伽楠馆诗存》、《煮石山房笔记、留庵随笔》。他的书画作品被国家文物局限制出境，“他所抄的每一篇文章书法价值弥足珍贵；而他所抄的明清进士卷，收录了明清进士222人的288篇文章，其中明朝进士有8人，清朝状元有4人，也有很高的史料价值，对研究收藏科举制度提供了翔实的资料”（琅琊美术馆馆长庄珩）。

“相期与来赏雨茅屋，如诗不尽御风蓬莱”，风雨中坚守，书画里纵横，冯誉骥留给后人的，绝非仅仅是书画……

寻幽探胜

紫云、烂柯集岭南之秀，大迳、双金承宋隆之恩。这唱不尽的山之曼曲，听不厌的水之清歌哟！还有那古老而现代的农业生态，隐逸而开放的度假胜地，贵气而亲民的高尔夫球场……纷纷穿起梦的霓裳，碎响满地的月光，抵达美丽的遥远，待思量，不彷徨。

紫云谷雨霖墙青花长廊

紫云谷：中国名砚之源

妩媚中还添高贵，轻盈中尽显浪漫，贤淑中透露雅致，伤感中飘逸忧悒，严肃中藏掖神秘，深沉中体现成熟。这浓得化不开的紫，集结的，岂止是色彩！

没有脚，却能行走空中；没有手，却能挪动阳光；没有口，却能自由言说山林、溪流、村庄、田舍……这抱得紧如砚纹的云啊，汇聚的，分明是诗意。

紫云谷，连风都张开文化的味蕾，连水都流淌文化的霞光，连石头都细说文化的初原。这个“中国砚都旅游核心区”，到处都飘荡着自然的紫气流云，到处都洋溢着文化的欢歌笑语。

灵山秀水，酬酢砚田

紫云谷，一溪联三坑，三坑出万砚。万千砚田集聚此，谁不磨刀割紫云？

一条清凌凌的溪水，以水的方言吟咏山的宽厚、谷的包容，以风的文字记录竹林的苍翠、蝉鸣的清幽，以光的影像留取飞鸟与还的缠绵和村落不息的炊烟。“产生万种可能”的老坑，让人生发怜惜之情的坑仔，山路陡峭的麻坑，静静地躺在或滴水成雨的山脚下，或经久如练的半山腰，一起守住岁月的出口，遥望曾经一度濯洗自己双足的溪水，自南向北，涓涓而过，随西江奔腾而去；一起思念顺唐而下一方方砚石的温润，伴墨生香。那一份可忍的可人，那一际难言的难忘，喜煞的，真正是亘古流传的风情。

灵山秀水，端砚之源，神奇之本。

中国砚都——砚坑紫云谷

千夫挽绠，百夫运斤

自唐武德之世至今，1300多年来，多少人奉“五丁开道，石牛粪金”的伍丁为祖师，“以石为业，以砚为田”。

他们沿着溪水寻“石种”，找石源；准备好锤、凿等采石工具和风箱、油灯、陶罐、竹箩、戽斗、水车等辅助工具；然后“先雇工，搭蓬厂，储粮食，备水罐，蓄油火”（清李兆洛《端溪砚坑记》）；待汲干水后，清岩路、采砚石、运砚璞围料；他们怀着对自然的崇拜，对大山神灵的敬畏，恪守岁时、语言、生产、性别、日常生活等方面的采石禁忌，以亲近关系传授采石技艺，以多种形式自行分配所得砚石。尽管“千夫挽绠，百夫运斤；篝火下缒，以出斯珍”（苏轼《端石砚铭》），甚至“千夫汲水，二步一灯，终日采石，仅取斤斤”，但他们都从不叫苦喊累，而是一直默默耕耘着自己的田地，收获着自己的喜悦。他们，用粗糙之手，制作出坚贞润泽之砚；他们，以卑微的身躯，开采出丰富的文化宝藏；他们，以生活的艰辛，雕琢艺术的美好。

老坑遗址

心怡气清，修闲自得

闲，不仅是用来休的，更是需要修的。

在紫云谷，既可以原生态地游山玩水，也可以人文性地寻宝探秘；既可以赏小桥读流泉，也可以听鸟语闻花香；既可以感受端砚的千年文化，也可以探索客家古村落的神奇奥秘。

紫云谷山泉水世界

握一把温润，抚一端细腻，摸一抹娇嫩，执一方晶莹吧。只要一砚在手，便如一泉入口，一谷醉心，自然生态便能得到修复，人文健康便能得到修养，文明关系便能得到修整，闲拾之情便能自发修饬于茂林修竹之间。

“割来青紫玉如坭，几度经营日驭西。一自神君拂袖去，至今梦魂绕端溪。”古人对端砚的赞美，岂仅因为其石质幼细滋润、坚实严密，成砚可呵气研墨、发墨不损毫？无论是唐诗宋词元曲，还是明清散文小说，都曾在端砚的方寸润盘里纵横捭阖。

是寂寞已泛滥成海，还是海早已寂寞如云，都不是逶迤溪水和石的交响音符。只要赤脚踩在砚石上，裸眼跟随紫背天葵的掌相，持一砚文思，担一水绿梦，于归，紫云谷一游，算是一步万金，赚得个“润比德、式以方”了。

金钟山位于乐城镇领村境内，主峰海拔508米，山顶宛如一只倒放的金钟，故名。

金钟山：因龙公而通灵

上界仙尊赐宝地，苍山缠绕显灵光。金钟山，距离肇庆市区以西50公里，千年鼎盛，钟灵毓秀，是一个可以令你随虔诚改变一生的地方。

因峰顶形似金钟而得名，因海拔508米高的主峰两侧有神龟山和龙公山左青龙右白虎相伴而称奇，因山前有五座山丘形成特有的狮、马、象、蛇、猴“五灵”守水口的“风水宝地”奇局而呈瑞，因坐落于奇局中央的龙公祖庙而通灵。

在“最灵”的庙里，求“最灵”的签

龙公祖庙，龙脉之所。它始建于秦末汉初，距今已有2000多年的历史。或许它不是中国年代最久远的庙，但当地的人们认为它是中国“最灵”的庙，庙里的传世龙签是中国“最灵”的签。

据传龙公祖庙灵验之处在于有求必应，能解世间一切疑惑、苦恼。信众可通过求签的方式，请求龙公爷指点迷津来驱凶化吉，亦可通过诚心叩拜来祈求万事如意，平安大吉。是一对怎样的仙蝶，在歇息于那个风景优美、山高水清、绿树成荫、名叫“天子降”的山窝下后，绕过炊烟缭绕的村庄，在对面金钟山脚下潺潺小溪口前面的树林里停顿下来，化作了一块黑色的大石头？这块俗称“盘古大王爷”的神石，又怎样帮助路经乐城的赵佗部队赢得平定战乱、取得皇位的关键一仗，而获取“神石庇佑开南粤，龙公护荫出君王”的美誉？供奉于庙中，被民间称为“护龙神石”或“龙公石”，足以传承所有未来。美丽的传说，足以解释一切过往。

“金钟山有五求，龙公签有十问。”千百年来，广大信众无论男女来到终日香烟袅袅的金钟山龙公祖庙必会“五求”，即求子、求智、求缘、求安、求富贵。除了“五求”能保佑大家心想事成之外，还有“一求”非常重要，否则就等于白来一趟，这就是“声名远播，享誉全国”的传世龙签。

传世龙签，签文早在南宋期间由先知前人依据易数卦理编撰而成，集金钟山和龙公神石的灵气，融会道、佛、儒三家哲理，内容包含因缘果报、道德教化、天道阴阳、人道仁义，签文丰富，精确传神，每签都蕴含着大自然的无限灵机。这在全国签种中实属罕见，现时世界上还没有其他签文可与之媲美，乃中华文化千年流传下来的瑰宝。

龙公祖庙里，被人们祈拜的还有庙右侧的那株鸳鸯树，长在一块石头的裂缝中，经历了火烧刀砍三次劫难，至今还郁郁葱葱，忠贞不渝地合抱在一起。世世代代，相爱的男女来到，总会在树下许下“执子之手，与子偕老”的浪漫而平凡的心愿，追求美好而忠贞的幸福爱情。

万人抢花炮

向龙公祈福

传说总是美好，文化更见精神。有别于德庆的龙母文化，乐城龙公祖庙更显高要特色的民风民俗。每年的正月初一到初八，是谓龙公诞（初六为正诞），有祈福、龙公巡游、龙公开金印、炮仗攻狮子、万人抢花炮等活动；端午期间，有龙公开仓开库之说，寓意是向龙公借金库中的钱财，龙公赐予你财富之意；国庆期间，有龙公庙会，当然少不了祈福等活动；而公历12月28日至元旦期间，更有龙公姻缘诞。选一个天气晴朗、阳光和暖的日子，上午举行隆重的拜祭仪式，让庄重而古老的文化气息，给龙公祖庙的文化传承增加了一份厚重；中午举行热闹的“万人盘菜宴”，让八仙桌、长板凳、大盘菜、鸡公碗在觥筹交错中汇聚无数祝福和无限憧憬；下午举行特别的相亲活动，让红男绿女们相聚在翠绿、温馨而浪漫的姻缘树下，相见、相识、私语、传情，开始于跃跃，分别于依依，并记取过程中每一个美丽瞬间、每一个感人细节、每一个动心表情。

庙因山成，山因庙名，山庙因风生因水起。修身于风光优美、苍翠欲滴的金钟山，清心于洁净和谐、灵瑞祥和的龙公祖庙，不仅是一种千年缘分，更是一种万分造化。性灵的你，还等什么？

相传龙公祖庙是龙公的化身，龙公能力高强，能辟邪降魔，保佑平安，常年有不少信男信女前来上香祈福。

烂柯山：曼妙万种风情

烂柯山，当第一次听到你这么土这么“烂”的名字的时候，我就禁不住胡思乱想：是谁这么瞧得起樵夫，并以他手中的斧柯作为山的代言？是谁想象这么直接，将虚幻的烂漫挂在实用的斧柄之上？

说实话，烂柯山，我可不能太在意你的经纬在哪、方圆几何，否则，我将画地为牢；我可不想停留在你气候的温润、树木的繁杂、动物的多样之中，否则，我将无法抽身；我可不会沉迷于你坡满壑满的药材，否则，我将长生不老。

说实话，烂柯山，我还是更喜欢你的石、你的鸟、你的砚、你的泉、你的传说。

你的石，奇得有形，甚至有声。石棋盘、石屏风、神仙掌、塔池石、石龙船、九弩石等天然石景，无不栩栩如生，引人入胜。更有石海螺，由几块巨石天然垒成，屹立山下，以前僧徒外出化缘归来，未登山前对着它喊话，山上寺僧可听闻；有蟾蜍石，在土名“狗头”附近，中间空洞，状若蟾蜍张开大嘴巴，以石击其头部，咚咚作响，山外可闻，樵夫至此，多敲击取乐。

你的鸟，多得成群，即时成景。你林深茂密，有湖有岛，自然吸引来无数的金腰燕、雨燕、野水鸭、白鹭、苍鹭、鹰隼……舞春风，点秋香。

烂柯山

你的砚，密得凝脂，笔起香随。你北有老坑岩（今砚坑）、青蛙岩（青湾坑），东有西洞岩（又名大西洞），大笨山路旁还有黄巢岩，你是闻名中外的端砚石产区，“端溪砚坑”之誉于你自然合适。从你这一带出产的砚石原料，不管是绿端，还是梅花岩、青花岩，岩石成分都很均匀，质地细腻而易于发墨。且得一方砚田，留与子孙耕，足矣。砚台的香凝，自能愉悦与文字的腰身恰到好处相触的眼眸，愉悦大雁从远方衔来的雪白的祝福，愉悦每一个月光一般倾盆而下的幸福日子和美好记忆。

你的泉，清得甘洌，可口养生。那眼被叫做“养生泉”的泉水，自你脚下几百米深的岩层渗上来，经21℃、丈许方圆的泉眼，纯净透明地蓄在砂滤罐里。一串串钙气小水泡摇摇晃晃漂上来，在四周的不锈钢池壁上结成一层白色的盐霜状固体，让人忍不住掬一捧入口。一眼泉水，滋养了长寿石湾村300多人的健康，引得每年农历七月初七众人排队来取水，诱得有些地区的人常常带着巫婆师姑来边烧香拜神边取“圣水”，甚至招来法国人，为了喝上这泉水，专门在村子里住了很长一段时间。

你的传说，古得含烟，力透红云。你的名字，就是由传说赐予记取。相传，古时候有个叫王质的樵夫上山砍柴，在你的山顶遇到两位下棋的老人。老人送他一个蟠桃，王质吃完后，顿感神清气爽，但发现自己砍柴所用的斧头已经锈迹斑斑，斧柄也腐烂了。因斧柄古称斧柯，自此之后，当地人将你称为“烂柯山”。有名山必有寺庙，这是中国古之已有的明规则，烂柯山，你也不例外。你曾拥有过一座建于唐朝的红云寺。当年梅山寺吴慈大师带领几位和尚于重阳节到你这登高游览，为秀丽风光和别致环境所动，回去后到处化缘募捐，就地取材，运用山石建起了小寺，取名“红云寺”，一时香火鼎盛。其后毁于兵燹，寺僧乃迁往鼎湖山另建寺院。1937年，僧人陈祺重建寺宇，招集民工石匠，建起2米高的台基（现还留下很多大石砖），后因地方不靖，僧徒四散，寺庙未能建成，从此亦无人前往参拜，独留那一朵佛国红云，飘浮在历史的晴空。

“风劲草滩绿，峰高云脚低。于斯骚客喜，处处见江蓠。”烂柯山，你让所有的水（一眼泉，一鞭溪，一帘瀑，半坡岚，半峰雨）都唱起歌，认祖归宗；烂柯山，你让所有的风都成为舞者，伴流云飞舞一个个春秋……

神符岩：别有洞天神且奇

从何时起，吕洞宾手中的“神符”便被自然之手当作可以迎风飘扬的鲜艳旗帜，直插在离高要市区7公里的莲塘镇荔枝村北面的千亩平畴之上？止于什么纪元，神符山奇特的地质结构由“土山载石”变为“石载土山”，且从此林木茂密，草色葱茏？

从梁塘出来，带着浓郁的人文气息，走过片片果园，绕过长流溪水，来到静如明镜的水产养殖基地跟前，已是神符山山脚下。抬头极目，弥望的是蓊蓊郁郁的绿树青草，苍苍茫茫的白云蓝天。此时看到的，真的就是史料上记载高要名胜“首约鼎湖，次曰七星岩，又其次则神符岩之属”中至今唯一仍为高要所属的神符岩的所在么？

尽管有当地的朋友努力在记忆的原野上寻觅指引，有初识的高要文友欢情作伴，但还是费了好大的周折，小心翼翼地拨开绕指芦苇，汗流浃背地涉过绊脚泥石，上蹿下跳，左颠右簸，才找到那条自山下直通神符岩岩洞的狭陡小径。

连攀带爬，拾级而上，登至山腰稍平处，有一石突起，似犀牛伏身回首，仰面朝天，俨然一幅“犀牛望月”景象。巨石下乃古庙洞天观（又称“纯阳观”）遗址，在受供奉的吕洞宾神像面前的香炉上，插满了已火熄烬落的香棍，似乎在告诉人们：我们现代人，就是用这么独特的新的方式延续着肇庆民间自元初至清末期间那鼎盛如缕的香火。

继续斗折蛇行。十余步后止，忽见一岩口洞开，神符三岩中的“大岩”即现眼前。但有巨石当门，限仄不易行。洞口的右上方岩壁上有一方大约高1.20米、宽1.80米、行书笔法的摩崖石刻，上镌七言诗一首：

神符山独立于平坦的田畴上，终年仙气缥缈，神秘迷人。

五丁劈破石岩岩，拔起孤峰顿此间。
长作莲塘中砥柱，远移蓬岛下尘寰。
晓来云翁龙归洞，夜来仙游鹤满山。
壁立东南为胜景，脚头高处愈跻攀。

落款为“至元壬辰岁上巳爱山赵鼎题”。赵鼎这位元朝肇庆路儒学教谕题刻于元至元二十九年（1292年）的这首诗，将神符岩的胜景风光勾画得活灵活现、淋漓尽致。难怪它于1989年被高要县人民政府公布为县级文物保护单位。

蠕蠕入洞，复蹑级而下，向西转一丈左右，地面平旷如沙，石壁直立如猿，是一处高大宽敞的洞厅，崇闳如巨厦。远处，似乎传来涓涓流水因岩洞的共鸣而如钟磬齐奏之声，仿如置身仙境。除了将眼微闭，就是侧耳倾听；除了陶醉，就是不需要任何的言语。因为只有微弱的亮光自东北高处漏入，所以我们在这里呆了不长时间便按原路趔趄走出洞外。虽然没有欣赏到石钟乳如大象、似麒麟、形蛟龙、像猛虎的逼真妙肖，没有体验到石床、石幔的冰清温润，没有品尝到石莲藕、石丝瓜、石西瓜、石水瓜、石香蕉的可口素淡和“牛大腿”、“牛百叶”、“猪上肉”冷藏倒挂的大俗滋味，但我还是感到无比的惬意和满足。

山中有洞岩，岩内可容千余人。

由于时间原因，我们无法再继续去探寻二岩如楣如檐的秀巧、如云如霞的瑰丽，也没去扫描三岩岩石数丛排列的齐整与狭不能进的沉默。

岩内钟乳石凝成的天然奇景众多，有大象、河马、天龙、罗帐、蟾蜍等。

告别第三纪，告别海底生物化石，告别大岩，踏上归程。归程尽新梦，一任和煦的风敞开薄透的衣襟，撩响下一个待发的快乐……

象山：登高览胜尽风骚

巍巍象山，风光宜人。当你盘旋登上象山，展现在眼前的是一派新景象：象山脚下，只见大江东流，城区华宇林立，东西延展，形成了集工商贸旅游于一体的城市新格局，国莽公园和黎雄才艺术馆以及面貌一新的休闲绿道，以那特有的魅力吸引着游人，令人流连忘返……象山是高要市城区最高点，驻足山巅，可俯瞰西江一河两岸高要与肇庆城区的秀丽风光，也是肇庆观日出的最理想的地点。

象山位于南岸陈孔村南象鼻山麓，因山体酷似象鼻而得名，自然景色宜人。山上古树参天、林深树浓，各种植被景观不胜枚举，主要是原始次生林，森林覆盖率达91%以上，是回归大自然享受大自然的最佳去处。

走在象山弯弯的山路上，树绿、草青，花香、鸟鸣，悠哉游哉，踏着落日的余晖，信步上山，什么也可以想，什么也可以不想，百分之百的放松，真有一种偷得浮生半日闲的感觉。想及每天必须忍受狭小的车厢、浑浊的空气与无奈的人流，觉得登象山真是一种奢侈的享受。

象山的神话传说优美动人。这里流传着一段白象在新兴江战蛟龙的神奇故事。白象打败了蛟龙后，突然，天空霞光一闪，白象变成了一座山，守住江口，使蛟龙不敢再度出现为害乡民。

象山远眺

从此，象山的东西两侧有两口清泉，长流不息，将白象九鼻所吸之水，经白象之腹，千回百转后，连续不断地向外流淌，荫护着象山的树木，流下山脚，灌溉着农田，造福人民。

白象最长的一条象鼻，直伸到新兴江口，镇塘塔（文明塔）就建在象鼻头上，给人们留下了无穷的回味。

白象背上神仙曾经留下足迹的地方，现代人修建了一座回音亭，人们大声一吼，回音无穷……

站在象山之上，让人遐想联翩。

一座现代化的城市在西江南岸崛起，它依山傍水，宛如一颗明珠缀在西江这条玉带上。高楼大厦鳞次栉比，平坦宽阔的马路，穿梭如流的车辆，错落有致的园林，繁华如云的商网，五光十色的华灯，坚固壮观的堤路……到处洋溢着时代的气息！在每一栋屋宇的大院里、阳台上，绿叶和鲜花正向人们招手……好一派如诗如画的景致，实现了人和自然的和谐统一。这座新兴的城市充满了安逸和愉悦，让人乐业其中。

我徜徉在象山上，只见面向西江、背靠秀丽象山、与七星岩风景区遥相呼应的“肇庆碧桂园”和在新兴江边的“肇庆祈福海岸”正拔地而起，成为肇庆、高要著名的花园式高尚住宅区……高要电视台的发射塔耸立在林木葱茏间，映着落日的余晖，昂首傲对天宇。

绿道小憩

高楼升起新日月，大道铺开万里长。徜徉在市城区的大道上，条条大路是绿玉般的江流编织的飘带，在花丛与绿树之间，恋人们的笑脸如绽放的蓓蕾，在簇簇灯光粼动的西江河面上，那缕缕波影，那闪闪帆灯，那阵阵笛声，好不醉人心扉。

当你厌倦了灯红酒绿，重新预约生活，计划健身运动，请别忘了，就在高要市区，有一个叫象山的地方，足以让你阔别城市的喧嚣，远离生活的烦恼，抛开感情的困扰，身轻如燕，神清气爽。你完全可以放松自己：或邀三五知己，爬山涉水看日出；或踽踽独行，一路拈花惹草吟私语，直至登顶，在电视台发射塔架下，看太阳从梦中睁开惺忪的眼，听江水静静流淌岁月的歌声。

宋隆河：润泽一方惠万民

如果离开古老的传说，如果少却拐弯的历史，眼前这条依旧流淌着岁月之歌的河，还会如此声名赫赫，一直被人传唱吗？

浪花说着也许只有鱼儿才听得懂的方言。宋隆河，没有人知道你具体从远古的何时走来。只是据白金龙一带年长的老人说，当地百姓为感恩当时朝廷体恤民情、投入大量的人力物力治理水患的功德而取其名。

宋隆河，没有人怀疑你将永远向未来奔去。尽管你那条东门坳河道在宋代初期因为修建金西围（现金利镇和蚬岗镇交界的一个内河堤围）而堵塞，可古洪水道一直贯通至今。尽管在20世纪20年代之前，由于堤围年久失修，而金渡镇的联安围还未建成，西江洪水都会取古洪水道反灌而入，但1922年，民国政府成立了宋隆建筑基闸公所，由广东省治河处派员规划设计，用股份制的办法发动华侨和社会各界人士，共筹集到港币62万元，建设宋隆水闸、宋隆围等五项工程，对治理水患、保护耕

宋隆河水口段

地、保护人民的生命财产安全发挥了积极的作用。而位于出口处，1927年竣工并投入使用的宋隆水闸，在当时不失为广东的大工程。尽管1955年5月你连河底泥都裂开了，但经过高要县集合11个乡3000多人，排列着500部水车，硬是把西江的水运到你的怀里达1米多深，硬是让你“两岸15000多亩的秧苗很快返青”（《人民日报》1955年5月16日）。尽管有旱涝在你身上时常发生，但高要历届党委和政府投入大量的人力和物力建设了宋隆泵站，汇集大小溪流从四面八方到来，通过机电排灌设备排到西江，融入奔腾不息的江河大海，使你洪涝时期排涝通畅，干旱时期引灌正常。

宋隆河，你从来不发“孤独这么近，人世那么远”的感慨，罗非鱼从你的怀里游向了世界；你从来不掩饰自己天然的率性，美好的传说固守着一方宁静；你从来不问庄稼的词根，流域内的大街、中学、泵站都用你的字号命名。宋隆河，虽然泱泱大宋早已随崖门前的战船沉没于零丁洋的叹息里，但你却一直以浩荡皇恩沐浴着两岸生灵，你才是这方土地上的千年守护神。

大迳古河

大迳河：诗意的“黄金河道”

大迳河，打开的是一幅怎样宽阔如大路的画卷？大迳河上，穿梭的是一种怎样的历史繁忙和现实意趣？

“大相迳庭”，也许就是大迳河的前世今生。

大迳河，发源于高要市与德庆县交界的七星顶，向东流经河台、乐城、水南、禄步、小湘五镇，经小湘的迳口注入西江。就这样，一幅长56.13公里的画卷，以平均比降1.45%的倾斜度，被690米的落差忽急忽缓地拉开，集雨面积达458.3平方公里。沿途，两岸青山，林茂竹修；田园村舍，鸡鸣犬吠。好一派充满乡俚农语的自然风光，好一派飞扬淡俗浓雅的古典诗情！

丰收年

点点帆影，曾一直在历史的河面上泛起粼粼波光。大迳河，在陆路交通不便的年代里，一直是河台、乐城和水南的运输通道。“那时候啊，河台、乐城的河船满载着山货顺流而下，集中在水南河段上，然后再由水南的河船运到更远的地方。当时，水南旧街码头一派百舸争流的繁华景象，住在旧街的居民就好像住在今天的城里一样了不起啊……”每当见证过大迳河运输的繁荣历史的老人家回忆起过去，滔滔不绝的言辞间总流露出一种满足和自豪。

小村新貌

淘金现场

对于造化万物来说，历史拐个弯就是现实；可对于大迳河来说，繁忙拐个弯，还是繁忙。当陆路交通取代水路航行，大迳河完全恢复到了自然流淌天籁音符的原生状态；当永远被停泊在岸边、被土地深埋着双脚、被大迳河水滋润而高高挥动双臂的那些植物，如肉桂、柑橘、甘蔗、佛手等，一年年开出绚丽的花，结出丰硕的果实，农民们的生活一天胜过一天；当罗定一位与金子打了大半辈子交道的农民，于1982年初沿着高要的大迳河寻找金砂时，忽然有一天在河台用原始的船斗淘出了黄金，河台便因此有了“黄金之乡”的美誉，大迳河便又被闪亮成一枚从地方志上滑落的金色书签。

一阵阵松涛，应和夹岸的空谷传出历史的回响；一漾漾秋水，漫过旷远的浅滩拍打现实的眺望；那块让童真和传说洗得亮堂的塔石，依然屹立在大迳河旁，守护着水南，守护着纯净，守护着希冀。大迳河，不问前世今生，任由斗转星移，躺着成一幅画，走动成一首诗，歇脚成一卷书。

哪怕，画色，或密或疏；诗眼，或深或浅；书味，或浓或淡……

双金河：弥漫着时代的豪情

首尾“渡”金。双金河，一支亢奋激进、铿锵有力的劳动号子！

30公里长的旋律，逶迤跌宕，自高要市东北面，自西向东经金渡、蚬岗、金利三镇而腾挪不息，直至融入西江那滚滚而去的节拍之中。

流经高山，流经低塱，流经丘陵，流经平原，深一脚，浅一脚，扬起的都是岁月的酣畅；遇山即绕，遇原即漫，遇网即渗，遇闸即等，风一程，雨一程，跳动的都是激情的淋漓。

正是1959年那场气势非凡的战天斗地，4万劳动人民凭着自己的伟大创造，为宋隆河流域内涝水与金利西围客水找到了出路，利用宋隆水闸与金洲水闸的水位差（两地多年高水位的平均水位差是2.6米），由金洲闸自流排出西江而兴建了双金河这条高要有历史记载以来最大型的、最长的人工运河。这条全部靠手挖肩挑蚂蚁搬家式的，花两个月时间挖掘而成的运河，深达6.5米，河面宽30～50米，河底宽10～12米，沿河公路长53公里，宽7米。它不仅把内涝水改从金利金洲涌口汇入西江，解决了白土、金渡、回龙三个镇的内涝问题，还将神坑水（烂柯山脉的水）通过蚬岗环山沟截入双金运河再流入西江，解决了蚬岗、金利两镇的内涝问题，方便了蚬岗、金利的水陆运输（当时双金运河全年可通航10吨以下机动船，沿河公路由金渡直通金利）。它的兴建，造福近20万人民，排水灌溉受益农田达8万多亩（根据1960年资料记载）。

人定胜天天不语，且将神马当浮云？不是所有的激进都化作历史的笑谈，不是所有的改变都留下曾经的印痕。双金河，依旧诉说着水的羞涩心事，依旧等待着梦的花儿在梦里梦外次第开放……

而今，当你乘坐小船从金利金洲水闸出发，自东向西逆水而行，岸边山色映入眼帘，微波站的差转塔，好似大象身上背着的人，默默地指挥大象在大地上行走。远望还可以全睹烂柯山脉老君山的雄伟坐姿，它好似一尊老君佛像，坐在群山之前看护着蚬岗、金利两镇的百姓。当小船行至蚬岗五马归槽峡时，你会被运河将五马归槽山辟开两边的奇观和它的神奇故事深深吸引。

新兴江：流淌着鲜活的传奇

多情而澎湃的新兴江，绵延五百里，润育着两市一县的劳动人民。她原名新江，晋代置新兴县后改名新兴江，发源于江门恩平市，流经云浮市新兴县、肇庆高要市丘陵片来到高要城区注入西江，流向南海。

在20世纪上半叶，新兴江是一条百舸争流、千帆竞渡的江。她是肇庆西南部人民与外界联系的大动脉，是发展经济的“黄金水道”。

她是一条河鲜丰富的江。江上常有渔家捞上的活河鲜，品尝一顿，定会回味三日。

她是一条传奇的江，江边的古码头传颂着很多故事。曾有一读书人到肇庆府赴考，因迟到无法进考场，在坐船回新兴时，把两岸的镇和村庄的名字编成一个顺口溜。开头是：“西江水白茫茫，上是龙湾下镇塘，磨利大刀入山口，禾秆飞灰是坦场……”来到新桥与莲塘镇时说：“来到新桥唔见桥过来，走过莲塘唔见莲花开……”

5月的一天，我和几位朋友从六祖故乡新兴县城坐船顺江而下，游览了一次新兴江。不游是可，一游使我意犹未尽。新兴江高要段大致分三段：第一段，新兴至高要白诸镇河段；第二段是新桥镇河段；第三段是高要城区河段。沿着高要河段顺流而下，一处处美景，一个个《清明上河图》的古码头繁荣景象，一串串佛祖留下的足迹，一幅幅新时代发展的画卷映入眼帘。

江水荡漾，船随碧波行，人在画中游。两岸青山的野花像一张张少女红唇向你展开；江中小鱼偶尔在船头翻舞；岸边青草坡水牛嬉戏；江边鹅鸭欢歌；多处江湾渔夫在忙碌打鱼，艇上的鸬鹚一时潜入水中，一时含着一条生猛河鲜跳上艇板，好一幅“春江水暖”的画图。恍惚中，我似见惠能六祖孩提时从此江坐船到祖国各地求师学艺，探求佛学真谛的身影，他站在船头，昂首迎风。

当我来到新兴和新桥的古码头时，当年商贾繁荣、百舸载物、集市热闹的场景不时浮现在我的脑海。那些山货、日用品和土特产从码头进出，如盐、油、茶叶、咸鱼等货物从新兴码头辐射到罗定、云浮等县各镇，从高要新桥码头辐射到莲塘、活道和白诸等镇，这两个码头为200多万人作出了非常巨大的贡献，是名副其实的通商口岸。

新兴江

顺流而下，新兴江两岸改革春风吹拂出的美丽图画清晰可见。江口是与西江汇合处，在两座古塔的辉映下，新工业园、新楼盘、新的大学城以及新建成的江口河鲜一条街像春笋一样拔地而起。这就是高要城区，一个珠三角新崛起的城区，一个财政年收入连续几年攀升的新城。夜幕下，西江两岸璀璨夺目的霓虹灯，使我如到人间仙境。

新桥骑楼街

新兴江是一条美丽的江，是一条传奇的江，她有着说不完的故事。

金龙湖：轻舟泛棹情浪漫

有金龙作名，是称呼它为“湖”好呢，还是称呼它为“水库”好呢？

湖具有天然的静美质感，有其延续的动人传说；水库具有现实的回顾意义，有其内在的时代价值。譬如西湖、鼎湖、青海湖；譬如密云水库、三峡水库、十三陵水库。

金龙湖位于高要市蛟塘、白土两镇宋隆河流域腹地的丘陵群中，分高、低两库。金龙高库坐落于南方丘陵，迂回于崇山峻岭中。库区内环境优雅，水清鱼美，山青岛丽，视野开阔。山冈小岛树茂竹壮，植被丰密，以松树、桉树和低矮灌木为主，是一个优良的自然生态区，常有仙鹤、黄鹤、野鸭、水鸡、穿山甲、山猪、山鹰等珍禽走兽栖息其中。目前，库区内已建有陆上别墅、水上别墅多座，有游艇多艘。游人可泛舟观光，享垂钓之乐，亦可寻山野之趣。

金龙低库是一块山中有水，水中有山，山水相融的绿洲，是一块闪着光泽的碧玉，以其独特的青山碧湖风光，成为旅游者向往的世外桃源，带给游人无穷的乐趣和绵绵的遐思。

回溯1958年，漫山遍野，劳动人民干得热火朝天。锥钎挖，畚箕运；红旗插处，人声喧天。合设一个金龙公社，管辖当时的金渡、白土、回龙、蛟塘，所修建水库，遂以公社之名而得名。

金龙湖

而今，它美得像一首唯美的押韵诗歌，像一幅唯真的天然美图，像一个唯善的动人故事，让人惊叹于白土山下，惊叹于时代水畔！

金龙湖素有“珠三角万绿湖”之称，由一个综合服务区、三个生活居住区、一个水上乐园和一个主题公园组成，与广新农业生态园、肇庆高尔夫度假村、七星岩、鼎湖山等景区紧紧相连，共同形成了一条新兴的生态观光旅游带。经政府批准立项，金龙湖将建成集生态旅游、居住度假、休闲运动、康体养生、三高农业为一体的大型综合性农业观光社区。金龙湖整个湖区占地20平方公里，有上万亩果园及多座待开发的山冈、岛屿，是一块目前已不可多得的风水宝地。区内山清水秀、碧波荡漾、鸟语花香、风景秀丽，可谓一湾一景、美景遍地。对于久居都市的人来说，是一个非常好的休闲度假之处。

如果你久居广州或佛山，何不缩短空间上75公里或40公里的距离，花上顶多1个小时的路程，暂离城市的喧嚣纷扰，置身于天蓝水纯的金龙湖区，回归大自然清新的怀抱？

轻舟泛棹于金龙湖上，一边欣赏远处绵延起伏的山峰连成的柔美曲线，犹如少女的裙带般随风飘动；一边把玩近处棹击湖面时泛起的粼粼波光，听听鱼跃出水波剌剌的声响，这是何等的酣畅淋漓，何等的逍遥欢快！

淡雅水墨，泼成苇丛入浦即深的渔歌；向晚诗情，沾染鹭鸟翻飞欲返的归意。点点轻舟摇不住啊，便是这湖中的碧水，这碧水中的金光啊……

杨梅水库：幽静闲暇野钓处

一望杨梅，历史的热渴即被消止。临碣石而观沧海的大诗人曹孟德，硬是在现实困顿处生发出独特的意象和灵感，“随鞭一指生梅林，便使万军不唇干。”而这一涎，一垂便是豪迈的千年。

没有工业文明掀起的惊涛骇浪，没有都市丛林堆砌的鼓噪喧嚣。只有粼粼碧波，随鱼动而翩然起舞，荡出醉人的笑靥；只有青翠幽篁，婆娑于微风过处，弄影于日昃时分。

杨梅水库自1959年被兴建起，就慢慢让白诸镇远离“三日不雨一小旱，五日不雨天大旱，一场大雨水汪汪”的旱涝怪圈，慢慢水草盛而鱼虾肥。

一直至今。时间一有水，便又活了。杨梅水库，早已破茧化蝶，成为粤西地区的“野钓天堂”！

拥一波清水，看天高云淡；钓两尾闲鱼，任日暖月明。何必在乎渔获？钓迷之意，在于垂钓的全过程，在于享受山水之活趣、绿林之静美。

能从城市纷繁的日子里，躲进山林仍未被词语固定的湖畔一隅，纯生态地，在繁忙中垂钓一际悠闲，看看自己不认识的鸟穿着精致的衣裳，在树的梦里飞来飞去，听听这些鸟对着从湖里探出青春秘密的鱼朗诵略显生僻的诗文，谁能说人生冷暖不是一首甜美的歌呢？

有人说过：思想走得再远也用不着穿鞋子。穿了草鞋换布鞋，穿了布鞋换皮鞋，穿了皮鞋换波鞋，穿了波鞋又不想穿鞋的我呀，真的好想成为一尾鱼，一尾比现实更精准、更清晰、也更独立的渭水之鱼，在距离因命守时的姜太公他老人家直溜溜的鱼钩三尺深的水下自由地游来游去。

甚至，就做杨梅水库里的一尾罗非，或蓝刀仔，将命运交给没有门庭内外、没有房间四壁和屋顶的大自然，尽情享受山的注视、水的抚摸，还有天空的问候、大地的馈赠、岁月的留声……

杨梅水库

广新农业生态园：一方度假胜地

高要市广新农业生态园，拥山抱水，绿树掩映，鸟语花香，碧波荡漾，一派诗情画意的旖旎风光。一句话，这是一方神奇的土地！

游人走进广新农业生态园，大千世界扑面而来，迷你高尔夫、仙鹤鸟林、观鹤湖、四季荷香、八卦迷宫、情人桥、桃花岛、绿色长廊、清泉湾漂流、空中滑索、梦泉瀑布，上山拈花撷果，下田耕耘种菜，水中捉鱼嬉戏……

这就是广新农业生态园！人们进入广新农业生态园，犹如走进《红楼梦》里的大观园。进得园来，感到处处美，样样新，时时喜，件件奇，真是让人目不暇接，流连忘返。

桃花岛，情意浓

夏日的桃花岛，虽然没有春天时的鸟语花香，少了盎然意色，但在碧波荡漾的映月湖上，有清风扑面，同样令人流连忘返。年轻的游客往往喜欢在桃花岛和情人桥上拍照留影，以求大展宏图、爱情甜蜜和生活美满。

关于桃花岛和情人桥，还有一段感人的传说故事。很久很久以前，在一个离城很远很远的地方有一个湖，湖中间有个岛，土地肥沃，鲜花盛开，是一个非常美丽的好地方。

在这个美丽的地方，住着一对非常恩爱的夫妻，男的叫阿桃，英俊魁梧，勤劳勇敢；女的叫阿花，聪明标致，心灵手巧。有一个财主为了霸占阿花，便杀死了阿桃。阿花看见丈夫惨死在财主刀下，痛不欲生，也自杀在岛上。人们将阿桃、阿花合葬在这个岛上。第二年，这个岛上慢慢长出了许多许多鲜花，于是后人便称这种鲜花叫“桃花”。

为了让年轻人来到桃花岛赏花，便架起了情人桥，奇迹立即出现了：青年男女来到这个岛上，没结婚的，他们就会在桃花岛上结下深厚的友谊，互相倾诉着自己的心愿；结了婚的，夫妻感情更加甜蜜，相亲相爱，生活美满；中年男女来到桃花岛上，事业就会蒸蒸日上，宏图大展……

清泉探险，野趣行

清泉湾水库以山灵水秀、景象万千而吸引游人。当你来到水库，迎面就是巍峨的大坝。水库烟波荡漾，天水茫茫，“天外天”景点隐现在绿水之中，而最吸引人的是清泉湾漂流探险。

这是一条长1.6公里的清泉湾小峡谷。小峡谷湾急，怪石嶙峋，花木秀丽，游人乘坐橡皮舟顺水从上往下漂流，时而急，时而慢；时而冲浪搏击，惊心动魄；时而轻松自在，悠哉游哉；时而从陡崖中下临深渊，险象骤生。坐在筏上，漂流到百兽洞，“百兽”挡住去路，犹如走入绝境……但当你漂流到绿色果廊时，却是一派豁然畅达的景象。

清泉湾探险，水急、崖险、石怪、洞幽、刺激，是青壮年们野游探险的理想之地。

四季荷香，景醉人

夏天到了，荷花开了。白天下过雨的夏夜，天地之间一扫闷热。此时此刻，在广新农业生态园散步，实在是一种心旷神怡的享受。虽然不像杨万里笔下的“接天莲叶无穷碧，映日荷花别样红”，也不似朱自清笔下所描绘的月色下的荷花那样如诗如画如梦，但在广新农业生态园中欣赏到“小荷才露尖尖角”，又是一番滋味在心头。一片片的荷叶亭亭玉立，一颗颗的水滴亮若明珠，一朵朵的荷花像是一个个文静的少女——不知是羞怯呢还是矜持。在朦朦胧胧的夜色中，花朵虽然闭合了，却关不住一池清香。

多美的荷花啊！我们望着那田田的叶子，有的如嵌水之碧玉，有的如大小珍珠落玉盘，各显各的风韵。荷花并不娇贵，也不妖艳。只要有泥土和水，它就能生长，就能开花结果。花儿开在蓬蓬勃勃的绿色中间，枝干立于涟漪荡漾的碧水之上。此时微风吹来，送来一缕清香，此情此景，醉矣！

在广新农业生态园，静静地，静静地赏花。我想，新世纪人们的心灵里，一定是在构思着一首关于荷花，关于明天的诗……

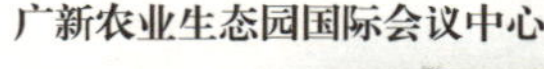

广新农业生态园国际会议中心

肇庆高尔夫度假村：一杆一洞一天地

在肇庆市南部的高要，那里有一片绿色的海洋，连绵起伏的波浪像一条条柔软细腻的曲线，交错出美丽的风景。

肇庆高尔夫度假村是一代传奇人物、大满贯得主加利·皮亚（Gary Player）在中国的首件作品。球场拥有连绵7300码18洞，当中9洞为灯光夜场。球场内水障碍随处可见，既提升了景观视觉效果，亦提高了打球难度。各个水障碍虽然令球友又爱又恨，然而每个球友都很想去征服它们，这正是该球场具有吸引力的玄妙之处。这个近乎天然的高尔夫球场，环境优美宜人，设计者把高要独有的天然景致巧妙地混合在球道设计上，使球场极具挑战性及趣味性。

度假村配备有会所、酒店式客房、灯光高尔夫练习场、高尔夫专卖店、会议室、展销厅、商务中心、网球场、沙滩排球场、健身室、桌球室、乒乓球室、钓鱼台、烧烤场及儿童游乐室等设施。度假村的别墅、洋房也成为众多名流青睐、光顾、栖息、置业之所，再加上专业的管理服务，务求令肇庆高尔夫度假村成为肇庆市首屈一指的打球、商务及度假胜

高尔夫度假村

地。球场会所由意大利建筑师设计，从球道看过去，会所外形甚为抢眼；而站在露台那边看出去，球场广阔景色一览无遗。登楼远眺令人心旷神怡，在球场试试球技或漫步草地中令人身心愉快，三五知己相聚别墅或洋房更是休闲祥和。

度假村背倚连绵山脉，右傍高要广新农业生态园，前望是一片青翠的球场及湖泊。高尔夫球场建在蜿蜒起伏的低谷地上，环境幽雅恬静，设施完善。来到这里，休闲的男女都喜欢驾着白色的“小舟”，任由摇曳。猎猎飘动的小旗，像若隐若现的白帆，努力地追逐着风的方向。矫健的身影，一会出现在这边，转瞬已经到了那边，谈笑之间，闲适至极。看，一颗洁白耀眼的信号灯凌空而起，光亮柔滑的弧线，把归航的希望连在了一起，没有汽笛的鸣响，只有欢呼者的掌声。哦，那是多么的飘逸，多么的令人陶醉！

蔚蓝的天空，清新的空气，翠绿的草地，恬静的湖泊，悠然的客人，构成一个天地人合一的和谐景象。这就是肇庆高尔夫球度假村。它位于高要白土镇，距离高要市城区约20公里，占地7000亩，拟建36洞高尔夫球场，首期18洞球场已投入使用。

高尔夫球场

人文高要

红色印记

鳌头烽火，几度点燃民族的守望；领村硝烟，曾经漫卷革命的豪情。没有当年的红缨在手，哪来日后的月白风清？

丹心碧血为邦酬，忠烈功名贯九州。丰碑永存林深处，英魄总萦山里头。赤橙黄绿青蓝紫，柴米盐茶酱醋油。活道乐城今胜昔，欢歌共唱逐江流。

鳌头仍独占，领村复齐心。

鳌头村：烽火连天掀浪潮

“老香山上红旗飘，要南革命掀浪潮。”老香山，在高要南部，与高明、新兴交界，抗日战争和解放战争时期活跃着一支革命武装部队。这支革命武装力量在老香山北侧的活道镇鳌头村建立了党组织，建立了秘密联络站，建立了民兵武装，鳌头村遂成了高要南部地区革命武装部队的千里眼、顺风耳。从此，以鳌头村为代表的革命群众和南部革命武装部队一起共同抗敌，演绎了“不当日寇向导，智勇夺枪杀敌人”、“急中生智送情报，癫狗岭战斗捉敌官”、“凤凰岭伏击战，粉碎敌人大扫荡”以及“水口之战”、“塘面伏击战”、“攻克明城之战”等许多动人心魄的战斗故事。“为有牺牲多壮志，敢教日月换新天”，在革命斗争中，高要儿女出生入死，前仆后继，迎来了光明。1949年5月25日，首届高要县人民政府就在鳌头村宣布成立，高要人民当家作主。

鳌头村首届高要县人民政府原址

鳌头村抗日自卫队成立旧址

时至今日，鳌头村仍保留着“鳌头抗日自卫队成立旧址”、“首届高要县人民政府成立大会旧址”等多个革命遗址。并且还分别以“抗日烽火”、“解放战争时期高要武装革命斗争和首届高要县人民政府的成立历程”为主题，陈列展示了大量的实物与图片。通过实物、图文等展示了高要儿女在党的领导下，开展顽强的抗日斗争、解放斗争，以及人民政府成立之初，开展借粮度荒、救灾解困、接管肇庆等工作，谱写可歌可泣的历史篇章。

鳌头首届高要县人民政府成立大会旧址牌匾

踏上这片红色土地，追怀着革命斗争史，感受革命先烈大无畏的革命精神，是我们对革命先烈最好的怀念和感恩。

人文高要

领村：忠烈功名勉后人

领村“高要惨案”雕塑

高要的北部，天是蓝蓝的，山是绿绿的，群山层峦叠嶂，山脉延绵如巨龙盘踞。在这四周黛绿的群山里，有一个叫“领村”的小山村，村庄虽然小，却发生过惊天动地的大事。在大革命时期，领村农民曾打土豪，成立农民协会，建立农民自卫军，开展农民运动。

领村，是高要农民运动的策源地。在这里，成立了高要最早的农民自卫军，发生了震惊广东省、影响全国的反动武装袭击农军、屠杀群众的“高要惨案”；领村，是国民革命军叶挺独立团镇压反动武装的战场，在这里，留下了“铁军”无数的战斗故事。

走进领村的高要县第一区农民自卫军总部旧址，重温革命历史，一件件珍贵的历史文物和图片，仿佛把大家带回到当年轰轰烈烈的农民运动中，感受到先烈们无比崇高的革命情怀。

在领村西南面的一个小山冈上，在种满柏树的山顶中央，耸立着一座庄严雄伟的纪念碑，它就是领村革命烈士纪念碑，是纪念为领村的农民革命运动献出自己宝贵生命的伍腾洲、聂文波、谢忠等120位革命先烈。踏上小山冈，一种豪情在心中激荡，眼前仿佛出现革命先辈们的潇洒身姿，高举旗帜、振臂疾呼，快意恩仇。

领村革命烈士纪念碑

风土漫谈

山乃城之骨，土乃府之肉，水乃郡之血。那乡俗民风呢？无非钙片、维生素。

『茶果飘香宾客至，风调雨顺开耕忙。龙舟竞渡源金利，狮舞采青始汉唐。』浓郁的，何止是几个节日气氛？芬芳的，何止是一方风土人情？

宋隆茶果节，求人丁安康

茶果节，一场盛会，一场欢宴，一场有声有色的精彩“非遗”汇报演出。

传承，以祈福的名义

宋隆茶果节源于唐朝末期，距今已有1000多年历史。相传，当年许多中原人为了逃避战乱，迁徙到高要西南部宋隆河流域生活。由于居住地有一种瘟神（魔怪）在生产生活中为害百姓，每年都会不同程度地发生水灾、旱灾、瘟疫等灾害，村民就在每年的农历正月或二月初五、初八、初十、十二、十三等日子，将稻米粉蒸熟制作成一种叫“茶果”的点心，供奉灵神，祈求神灵驱除妖魔，保佑村里人丁安康，六畜兴旺。久而久之，茶果节便成习俗，时至今日，又叫“行村”、“放炮”或“行社”、“奉香”。

庆灯人旺

在祠堂、酒堂和屋前屋后大摆筵席。每家每户摆酒宴请亲朋好友，来的亲朋越多，吃得越香，主人家越高兴，越有面子。

庆祝，以隆重的仪式

这具有浓郁传统色彩的风俗活动，年年都在进行，仪式隆重而热闹。活动的主要仪式有：

一是放纸船。放纸船是由道士把魔怪捉上纸船，再把船放入河中，让船顺着河水漂去远方。这一天，村上请来道士作法，作法时，只见道士手执铜锣边敲边唱边把“瘟神”捉入花船，然后将花船轻手轻脚地放入宋隆河，让其漂向大海。道士唱歌的歌词大意是：“行滩锣鼓喜连连，敲起明锣就开船，读书君子讲书篇，耕田男女讲时年，做官便讲官家礼，生意滔滔讲赚钱，疍家行船讲水路，十八缕荫讲少年……”等纸船漂流去远方了才结束。然后再做引福归堂的仪式。

二是放炮。当地人把炮竹（即鞭炮，也叫“爆竹”）叫做“炮”，放炮有两种：一种是放全村的大红炮，地点一般设在祠堂门口，点火的人选很讲究，常由村中德高望重、兼几代同堂的老人点火。另一种是放添丁炮，头年添了丁的家属，有序地排着队进祠堂在神台的烛火上点灯，把火带回家，“灯”和“丁”白话谐音，是延续香火之意，做完添灯仪式后，便举行抢炮仪式。这时，村民和亲戚朋友聚集在祠堂和河边观看、抢炮。抢炮是最好玩的事，添丁户主放一个像烟花的炮，炮打上天空，放出一个小降落伞，伞脚吊着一个红彩，谁抢到谁就可到主人家领奖金，并寓意拾获者来年也早生贵子，添丁发财。

放炮

喜接花灯

三是大摆筵席。在祠堂、酒堂和屋前屋后大摆筵席。每家每户摆酒宴请亲朋好友，来的亲朋越多，吃得越香，主人家越高兴，越有面子。尤其是茶果节这天，各家都要请外公外婆和外嫁女带上家公家婆来吃茶果。有外家人来，对夫妻感情有很大的促进作用。今天已成为一个传统习俗，是增进团结、促进交流的传统节日。

四是舞狮子和舞龙助兴。舞狮子和舞龙是高要的传统民间文艺，每当茶果节，村里的狮子队就会在祠堂门口摆开架势，敲锣打鼓舞着狮子、耍起武术。

作为广东肇庆市首批市级非物质文化遗产的代表，茶果节至今仍见证并沿袭着高要西南地区多数乡村的千年传统，在民俗展示中寄予民生，在民生关注中播撒喜庆，让人们在喜庆中体验和谐，在和谐中体验幸福，在幸福中生活、劳作、收获、分享。

做茶果

煮大餐

河台开耕节，盼风调雨顺

曾听说“冬至大过年”或“元宵大过年”的说法，但是很少有听说过“开耕节大过年”的。河台镇的开耕节就非常盛大。

龙抬头后谁最牛？且看河台千年写就的春秋！

谁的左手，抓得住大地咳嗽不止的诗句？谁的右脚，触得到岁月含情脉脉的改变？谁的双眼，眯得拢人类灵魂的失眠？

当风的爪子炊烟般地一天天变软变暖，当墒情低垂着簪花的头，害羞地将白皙的脸转向早熟的春天，那头整整咀嚼了一冬寂寞的黄牛，便再也把持不住坚硬的牛角，于是带上悸动，带上与挂在老祠堂墙角的木犁一直不变的约定，奔向村外的土地。

土地，是它唯一终生不渝的情人。开耕，是它向土地表达的第一份爱意。

开耕节时的文体活动

开耕节，古称“龙头节”

据说源于三皇之首伏羲氏“重农桑，务耕田”的传统，后有黄帝、唐尧、夏禹效法，至周武王时更将此习俗发扬光大，定立二月二为天子耕田日。因为二月二正处于惊蛰前后，而“惊蛰一犁土，春分地气通”，农家进入春耕时节。为了动员人们赶快投入春耕生产别误农时，这天天子就象征性地率百官出宫到田地里耕地松土。此后的历代皇帝也一直效仿这种做法。我似乎看见一个头戴皇冠、身穿龙袍的皇帝正手扶犁耙耕田，身后跟着一位大臣，一手提着竹篮，一手撒着种子，前面走着一位身穿长袍的七品县官，小心翼翼地牵着牛，远处走来挑篮送饭的皇后娘娘和宫女；我似乎听见一群孩子围着田垄，歪头晃脑地唱着打油诗式的民谣：“二月二龙抬头，天子耕地臣赶牛。正宫娘娘来送饭，当朝大臣把种撒。春耕夏耘率天下，五谷丰登太平秋。”

民间的狂欢

二月二也是传统的土地诞。土地诞是河台镇一带乡村的一个传统节日。村民为祈求风调雨顺、五谷丰登、天时地利人和、身体健康、六畜兴旺，在村的空地上搭一个棚子，放上茶果、裹蒸，烧香拜神，举行一个“调禾留”的祈福仪式。村民们抬着“菩萨”，敲锣打鼓，舞狮舞龙，燃放鞭炮，绕村巡游，效法龙头节，在拜神祈福后举行开耕仪式。

听说从农历二月开始，河台镇部分村庄外出工作、经商的人都习惯回乡过节，家家户户也邀请亲朋好友来村过节。过节这段时间，河台圩由于人流多、民间文艺节目丰富，成了一个欢乐祥和的海洋。举行这节日的有都权、罗建、罗闪、龙城、三联、对田等村。

不久前，我有幸参加了此项盛况空前的活动，并在领略节日气氛的壮观热烈和民俗文化传承的自然虔诚的同时，陷入阿根廷作家豪·路·博尔赫斯所营造的美妙之中：“在这一瞬间，我的梦消散了——像水消融于水中。”

谁说风马牛不相及？牛是走在地上的云，马是牛的远房亲戚。它们，时不时地彼此串串门，说说笑，谈谈跟自己跟农事息息相关的天气。风马牛，就像皇帝、大臣和一年一度比国家统计局的数据还准确、比欧洲航班还准时的春耕。

春耕开始，农民以庄稼为笔，以大地为纸，书写出一桩桩绿意与金黄，一页页温暖与感念，一段段让农村安眠让农业狂欢的故事与憧憬……

河台开耕节放炮会

河台开耕节仪式

金利赛龙舟，看百舸争流

民间的龙舟一般都做得窄小狭长，以利于竞渡，而皇家龙舟是用来出行的，两者不可比肩。赛龙舟是为了纪念战国时期伟大的爱国诗人屈原而兴起的，后来成为了一种体育娱乐活动。

金利赛龙舟

龙舟之乡

传说几千年前，高要市金利镇河涌交错，农民外出都习惯以艇代步，有时两艇相遇，经常争相竞逐，赛农艇之风因此而起，逐渐成为村与村、姓与姓之间人力和财富的比拼。“农”与“龙”近音，加上龙是祥瑞之物，同时亦出于对屈原的怀念，赛龙舟之风便逐渐形成，历代相沿，成了民间传统节日活动，金利是广东省内最早开展赛龙舟活动的地方。

1975年6月金利端午节龙舟竞渡

金利是中国拥有龙舟最多的乡镇之一，100多个自然村，拥有110多条龙舟。每条龙舟造价少则一两万元，多则四五万元，大多是由群众捐资兴造。最初的龙舟只有9米长，后来演变为18.6米和24米，现在一般取18.6米的用来比赛。龙舟两端装上精雕细刻的龙头、龙尾，还插上锦旗，中间摆起锣鼓。每条龙舟上有“龙总”多名，鼓手、锣手、舵手各1名，扒丁50名。“龙总”由村中德高望重的人担任，是龙舟的总指挥，负责赛事的运筹帷幄。鼓手是龙舟的灵魂，鼓手的临战经验和综合素质是龙舟取胜的关键，比赛中一切行动都要听从鼓手鼓点的引导。

每年农历四月初八起，各村的龙舟就纷纷开锣下水，称为“起龙舟”。新龙舟下水时，都要举行隆重的下水典礼，村里同宗亲友及友好邻村都携带烧猪、喜炮、喜酒等礼品前来道贺，村里的外嫁女也要携带“三牲”回娘家欢庆，宴席多达一两百席，宾主两欢，日落方归。下水时还要举行接礼仪式，一般要请村中有威望的人和曾经在龙舟比赛中获得过好名次的选手登上龙舟，起鼓划船，前进三合，后退三合，以示谢意。

龙舟下水后，每天傍晚，工余之时，龙舟队都在附近的河涌练习，备战龙舟赛。训练结束后，全村男女老少都要聚集到祠堂里与队员们一起吃饭，加油鼓劲。训练期间龙舟都放置在河边设置的专用木架或者水泥墩上，训练结束后就将龙舟运回各村藏起来，或者藏在水底，或者藏在沙底，称为“养龙舟”，等待来年重出江湖。

集结待赛

龙舟竞渡

五月初一至五月初五，金利都是热闹非凡的，其中初五是传统端午节，是最隆重、最热闹的一天。各村龙舟无一不到，镇内的工厂、学校等都会放假一天，让大家去看赛龙舟，外出打工的金利人也纷纷回乡参与或者观看比赛，金利的企业和在外地做生意的金利籍老板都会慷慨解囊，赞助比赛。

天刚亮，各村的锣鼓声、鞭炮声就响个不停，群众穿红着绿，成群结队地涌到西围涌，两岸到处弥漫着节日的气氛。那天会举行隆重的“发龙”仪式，村民将覆盖在龙舟身上的幕布拉开，在龙头、龙尾插上旗帜，点燃香烛与凤尾草，放起爆竹，祈福辟邪，同时高喊“顺风顺水”、“突飞猛进”，祝愿村子和谐太平，村民健康长寿。比赛开始后，龙舟队员们团结拼搏，急流勇进，奋起划桨。全程大概2公里，百舸竞逐，人潮涌动，彩旗挥舞，锣鼓喧天，鞭炮齐鸣，欢呼声、呐喊声此起彼伏，声震云霄，气氛热烈，非常热闹。家家户户还要准备大量的裹蒸来接待及赠送亲友。沈从文先生就曾说过：“南方的龙舟竞渡，给青年、妇女及小孩子带来的兴奋和快乐，就决不是生长在北方平原的人所能想象的！”龙舟竞赛在金利好似“狂欢节”，已经成为人民生活中不可或缺的一部分，故有“广州看花市，金利看龙舟”之美谈。

近年来，金利镇积极组织龙舟队参加国内外龙舟邀请赛，屡获佳绩，成为香港、澳门、三水、南海等地举办国际龙舟邀请赛的首选队伍，“龙舟之乡”也随之享誉全国。

龙舟表演

奋勇争先

赛前祈福

每每观赏龙舟赛，不论在现场，还是透过传媒，我的脑海里都会油然响起由李小龙文化研究专家、粤韵三字经《顺德人》作者劳建先生作词，王刚作曲的亚运龙舟主题曲《龙舟儿女》：

把鼓敲起来
把锣响起来
兄弟们啊动起来
驾龙出海

把头抬起来
把腰挺起来
姐妹们啊拼起来
龙门大开

齐力划与时赛
奋力划展胸怀
千年之外龙情有爱
河道窄出大海
红花带国安泰
豪情永在永不言败

龙气概志不改
战鼓呐我主宰
竞争现在意取未来
风叱咤云出彩
精诚在金石开
团结不怠豪情澎湃

会当击水三千里气概
誓将美酒龙头前朝拜
龙的传人龙舟儿女在
思想解放开拓新时代

宽郊舞龙，金龙威四方

舞龙技艺已成为宽郊村中一绝，至今已有300多年历史，在高要市很有名气。

宽郊村建于一座形似鲤鱼的小土丘上，古时村民借助舞龙来达到“鱼跃龙门”的寓意，传说鱼只要跳过龙门便会变成龙。但宽郊舞龙不是年年都舞，而是根据吉年舞、凶年停的惯例进行的。每逢风调雨顺，群众生活稳定，舞龙就会非常活跃；相反如遇上天灾人祸，民不聊生，则谁也不会去舞龙。1949年至1982年，由于种种历史原因，该村的舞龙习俗曾一度中断。直到1983年，才重新恢复舞龙。

村民最初所舞的“金龙”是用金黄色的布缝制而成，结构简单，只有8米长，由5至6人舞动。民国时期，村民集资将金龙延伸到35米长，由20人舞动。而目前宽郊金龙全长已达到75米，圆周143米，32人舞动，若加上执彩旗、举龙牌、敲锣鼓、举龙珠的，整个舞龙队不少于120人。金龙舞动时首尾呼应，四爪威武，全身金鳞闪闪，五彩龙裙挂穗，金碧辉煌，璀璨耀目。

龙腾吉祥

盘龙起舞

每年的大年初一，是宽郊村的舞龙盛会。这天，金龙围绕全村巡游一周，祈求风调雨顺，五谷丰登。舞龙队伍出发时浩浩荡荡，彩旗、龙牌、锣鼓、龙珠开路，一路上锣鼓喧天，穿街过巷，调皮的孩子们会紧随其后。金龙所到之处，家家户户张灯结彩，门前挂青放炮，一派喜气洋洋。随后，舞龙队会来到村前小学的操场上，舞动龙身为全村村民表演龙凤舞、走龙圈、龙滚单柱、龙滚双柱、金龙戏珠、金龙卷尾等高难度艺术动作，让村民大饱眼福。

群狮贺岁

醒狮武术，霸气真功夫

醒狮武术运动是高要人民一项重要的民间传统体育运动，起源于汉唐时期，到目前参加人数之多、普及面之广是其他县（市、区）少见的，同时也为广大人民群众所喜闻乐见。相传很久以前连续几年不是大旱就是发大水，庄稼不能保收，人们叫苦连天，觉得很可能是“年”怪兽所害，于是乎，村民日盼夜盼有人能征服这“年”怪兽。有一年的初一，有一头头似雄狮、身像麒麟的动物向着“年”怪兽扑打，把它打得焦头烂额。从此高要风调雨顺人杰地灵。人们为了辟邪，便用竹笏扎成身像麒麟的凶猛动物，从简单舞动到形成套路，从几个村发展到全市其他自然村，又从舞狮发展成为醒狮武术综合传统项目。

随着时代的发展，醒狮武术已不能简单作为驱邪之用，久而久之便演变为反映一个村、某个祠堂人气实力的重要标志。每年大年初一至初六全市各圩镇各个自然村，约1000支醒狮武术队锣鼓喧天地进行采青武术表演，各村的村民无不引颈围观，热闹非凡。各队采青的套路各有不同，都会拿出可以表现本队能力、技

巧、霸气的真功夫，有搭人梯采高空吊青，有上楼台采青，有跳砂煲采青等技艺表演。

在醒狮采青过程中，演绎了狮子喜、怒、醉、睡、醒、动、静、惊、疑、怕、寻、见、操、望、戏和翻、滚、卧、闪、腾、扑、跃、跳、起、伏、坐、蹲、咬、舔等姿态，同时将雄狮擦脚、搔痒、洗面、挖耳、伸腰、入洞、出洞、出林、追蜂、扑蝶、望月、惊天、照水、戏水、饮水、抹嘴、弄须、刷牙、擦眼、咬虱等动作惟妙惟肖地展现出来，每一个滑稽动作都会给观众带来欢声笑语。在难度上，有搭人梯上10米高采青的，充分展现奇、险、峻之美。

采完青后，大多数醒狮队会在原地几十平方米内围成一个圈，擂鼓助威进行武术表演。表演的有拳、棍、刀、枪、耙等武术，也有单人套路、双人对打以及一人与多人对打的表演。

高要拳术有蔡李佛、咏春、白眉拳等拳种，它既突出了南拳的硬桥硬马，拳法灵活多变，上肢动作较多，劲力突出等特点，又兼有嵩山少林寺和福建南少林寺、峨眉山、武当山等大派武术特点。禄步的北根醒狮队、白诸东村醒狮队、新桥金库醒狮队、金利金一醒狮队等技艺非凡，特别是禄步北根醒狮队曾参加广东省醒狮表演并获得亚军。

醒狮表演

乡村醒狮

乡野拾遗

谁说乡野不如城？且看村中手艺人。

新桥洋篮，盛装着新桥艺人的梦想，点缀着洋人讨巧的生活；高要花席，编入的是宋隆河流域的芏之私语，织出的是勤劳智慧高要人的如花祝愿；大湾红木，传承雕刻的精湛；端砚技艺，演绎文脉的温润；白土狮头，扎出节日的吉祥……至于那独特的建筑，那动人的歌谣，分明是高要客家人主动掮承历史风雨的文化见证啊。

于乡垄野陌之上，时不时拾掇起的，便是现实生活中的无数奇珍。

洋篮工艺展厅

新桥洋篮，盛装创意梦想

新桥的洋篮是人工编织的艺术品，其编织绝活让你惊叹。

新桥镇的竹器编织始创于清朝咸丰年间，距今已有100多年的历史。据说由新桥竹器工匠邓福首创。邓福，生于咸丰年间，原马安镇新江一村人。年幼时随父母迁居新桥圩，而竹器编织是新桥圩及附近乡村的传统工艺。邓福就是在这种氛围中学会了竹织技艺，常用自己编织的竹斗设档摆卖。江门商人常到新桥收购竹织品运销海外。

有一次，江门恒兴山货店的老板叶星光看中了邓福与众不同的竹斗，便采购了一批回江门，受到外商的赞赏。之后，叶老板便邀请邓福到江门共同创办专门的工厂，招聘学徒，实行批量生产。

有一年邓福返乡探亲，回江门时带了一只普通竹织品坎箩（圆形、直径约1.5市尺、高约1市尺，初时用来盛祭祀或喜庆礼品，后成为菜碗篮和妇女探亲的

手提篮），外商见了极感兴趣，非常满意坎箩的质量、形状、色泽，感到美中不足的是上面有个“耳”（用于提挽），不好收藏和装箱运输。于是邓福按照外商的意图，设计出一套无耳坎箩，以大套小，五件一套，名为“五头盒篮子”。此后又在形状、款式上加以改进，有方形、圆形、椭圆形、六角形、八角形、通花、间花形等等，品种繁多。有的还染上了鲜艳的颜色，使之更加美观，大受外商欢迎。由于是远销海外，专供出洋，故称为“洋篮”。

洋篮既可作艺术品摆设在厅堂，又可盛糖果、水果等物，具有观赏价值和实用价值，是民间工艺的特色产品。洋篮主要是选择上等的竹料，然后刮青开边，晒成蜡黄色后，破成粗细均匀、厚薄一致的竹片和竹丝，根据需要，有的保持竹子本身自然色泽，有的还需要涂上硝酸，画成花纹，或染色加工，然后编织。洋篮工艺大体可分起底、织身、插花、烧花、喷漆、绞口等工序。在编织过程中，以经纬编织法为主。在经纬编织的基础上，还可以穿插各种技法，如疏、插、穿、削、锁、钉、扎、套等，使编出的图案花色变化多样。

新桥竹器编织全盛时期应数20世纪70年代，从事竹器编织的有1万多人，发展到竹、木、芒、柳、金属、树叶以及多种材料混合编织的产品，品种由初时的40多个增加到1000多个，产品畅销欧洲、美洲等40多个国家和地区。

色彩斑斓的洋篮

高要花席，织出如花祝愿

高要花席是金渡镇以及宋隆河流域广大村民用“芏”编织成色彩鲜艳、美观大方、实用性强、有吉祥如意的图案的床上用品。

花席光滑，似有蜡光，纯植物环保材料，拉力强，不容易断，冬暖夏凉，对人的健康很有帮助，据说还能治风湿病。它美观实用，是上乘的床上用品，一直以来深受广大人民的喜爱。

高要花席历史悠久。据记载，明朝中叶蒲草“芏”从福建省传入金渡镇，从那时起宋隆河流域一带的妇女就开始编织草席。最初是编织席袋，由于

花席生产过程

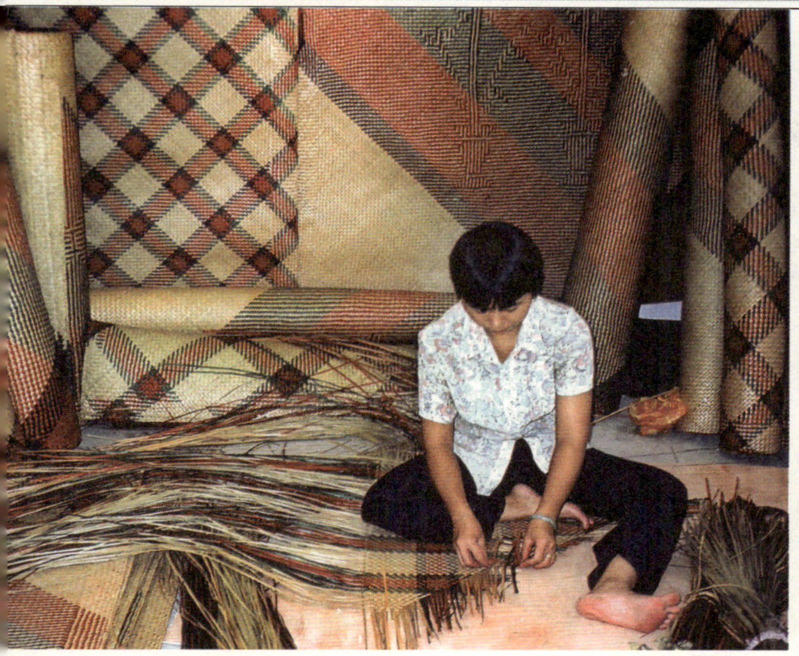

编织

舂芏

席芏拉力强，不易损烂，深受人们的青睐。在当时，这项手工业是宋隆一带村民的主要经济产业。后由于席面平滑，人们把它作为床上用品，产品一上市，就得到四邻八乡的群众喜爱。后来因一次偶然的事故，青席变成了花席。

传说金渡镇孖楼村一席铺老板，从西江河运青席到南海、顺德、佛山、广州一带出售，船行至沙浦桃溪河段，突然江面风急浪高，船被大风吹翻，青席掉进江里。老板见状，只好把浮在水中的青席捞上江边沙滩晾晒，经两天晾晒后，青席在阳光的作用下由青色变为蜡黄色，金光闪闪，非常漂亮。老板心想：这也不失为一份意外收获。照着这个方法创新，他创出了编制黄色席的新方法，黄色席一上市，当即被抢购一空。他的方法被村民发现了，没多久此法散播到全镇。有了黄色的席后，人们便想创出更漂亮的席，到了19世纪末，金渡一村民钟淮青的祖父长期在外国轮船上打工，听说村民想把青席变成花席而苦于没颜料，便从外国买回“洋红”、“洋绿”两色颜料，把芏染成红绿两色，再编织成各色各样的、有文字和鲜花的图案。

20世纪60年代，刘少奇主席出访东南亚各国时，以花席作礼物馈赠外国朋友。

大湾红木，传承精湛雕刻

红木雕刻是大湾镇著名的工艺行业，其生产的红木家具具有雕花精细、做工精良等特色，产品远销国内外。大湾镇素有“红木之乡”的美誉。

大湾红木工艺起源于明清时期，由一些外出做木工的大湾人学会了红木工艺制作后，回本地进行家庭作坊式的加工生产，开始时主要是以雕刻樟木花木箱为主，后来逐渐发展成制作红木家具，并形成了当地的红木家具制造行业。大湾红木雕刻有浮雕、通雕和线刻，雕刻的动物花卉千姿百态，造型美观大方。在工艺制作上，不用钉，开“鱼尾榫”驳接，接口不开裂，不变形。大湾红木雕刻兼工艺性和实用性于一体。

在鼎盛时期，从事红木雕刻的大小红木工艺厂就有200多家，从业人员最多达1万人。近年，大湾为塑造红木品牌，在选料上严格把关，做到不掺假，在工艺上精益求精，是花梨家具就不能掺其他木料，做到货真价实，豪华美观。

绝巧的红木工艺

端砚技艺，演绎温润文脉

端砚天下奇，奇在有别于玉石，又同于玉石：别的是砚石难以戴在人体上作装饰物，而玉石可戴在人体上作装饰物；同的是玉石无价，砚石也无价。

端砚名贵，是因其石质细腻、娇嫩、纯净、滋润、致密、坚实，具有呵气可研墨，发墨不损毫，冬天不结冰的特色，一直是文人墨客赏识的上乘品，同时也是进贡皇宫的珍贵用品。北宋大文学家苏轼有诗曰：“其色温润，其制古朴，何以致之，石渠秘阁，永宜保之，书香足托。”宋朝著名诗人张九成作诗赞之：“端溪古砚天下奇，紫光夜半吐虹霓。不随凡石追时好，真与日月争光辉。”端砚要经过探测、开凿、运输、选料、整璞、设计、雕刻、打磨、洗涤、配装等10多种艰辛而精细的工序精工雕制而成。

精工雕刻

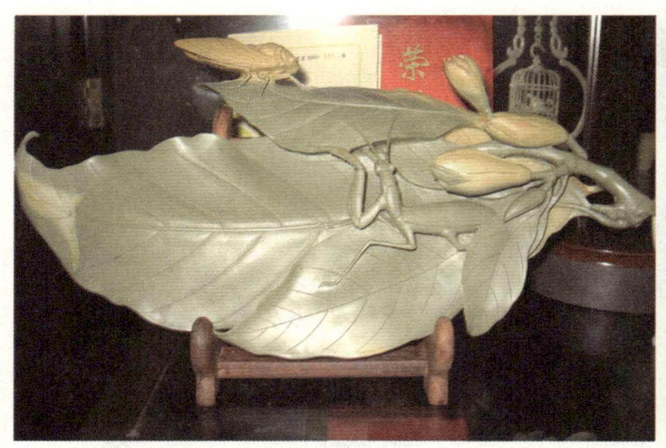

端砚艺术品

中国四大名砚之首的端砚产于高要市金渡镇烂柯山。金渡砚雕自唐代已闻名于世，端砚以优良的质地和精美的雕刻艺术而成为历代皇室贡品。高要名坑有老坑、坑仔、麻子坑、宋坑等，主要分布于金渡的砚坑、杨梅坑等地。金渡镇不但盛产名坑，更是雕刻砚石的大镇。端砚制作是高要市传统的手工业产业，从采石、工艺加工到销售即“产、供、销”一条龙工作都有庞大的人员参加。这些人员主要分布在金渡镇的杨梅田、文殊、水口、竹园、新村、水边、冲口、铁岗、黄坑、茶岗、五股、大巷、沙头、西头、榄塘等村。他们的生产形式主要是开办工厂和家庭小作坊相结合，生产端砚工艺遍布大街小巷，从事端砚制作的有男有女、有老有少。目前，雕刻端砚同样是金渡镇手工业的支柱产业，据不完全统计，金渡镇有100多位以做砚石生意为主的大老板，分布各村的雕刻艺人有6000多人，使金渡镇初步形成颇具规模的端砚市场。

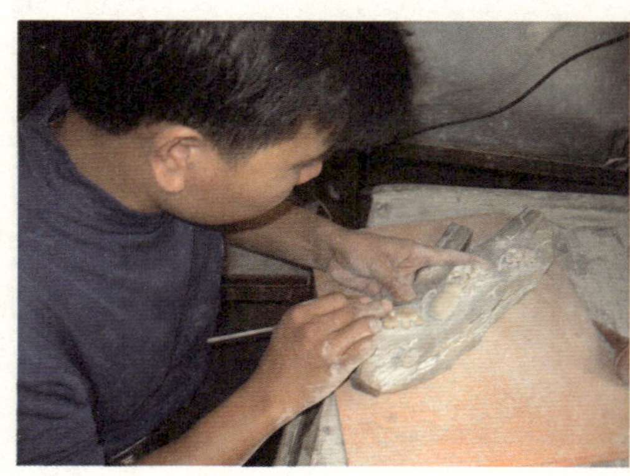

白土扎狮头，扎出节日吉祥

在高要市白土镇朗鹤圩上，有一家扎狮头的工艺厂，老板叫容佳明，40岁出头，为人老实，他扎的狮头坚固耐用，选料上乘，从不掺假，回购率非常高，远近闻名，连很多佛山卖狮头的店铺都到他的工艺厂订货。

容佳明扎狮头已有20多年了，20世纪80年代初，刚读完高中的他不但把农田的活儿做好，而且利用农闲时间去城里的扎狮头店铺学习。由于他聪明、诚实、好学，深得师傅喜爱，手把手传授真艺给他，经过十多年苦苦探索，他不但学会了师傅的绝活，而且在传统的工艺上再注入自己的创新工艺，创办了一家家乡从来没有人开过的工艺场。刚开始有人怀疑他不可能成功，因为扎狮头既不是他的祖传工艺又不是成行成市，孤零零一家很难招揽生意。办工艺厂之初，正如人们的猜想，生意冷淡，无人问津，但他不气馁，到佛山等城市宣传，结果第二年生意有了发展。由于他做生意诚实，工艺质量可靠，价格便宜等原因，生意越做越红火，不出几年便名声远播。

在制作工艺上，容佳明利用中学时学到的几何知识，采用三角形稳定性的原理，在狮头内多扎几个小三角形，加上选取老竹开的竹片，再把竹片特制后精扎。在贴纸上也采取特制的黏合剂，使狮头坚硬、轻、不容易损坏，人可站而不变形。在用色上大胆按美术工艺颜色去对比，所描绘的颜色既鲜艳夺目又不失传统色调，给人以美的享受。

双狮庆贺岁

客家建筑，历史风雨的见证

据民国《高要县志》记载，高要客家有500多年的历史了，目前客家人口已经繁衍到了五六万人。高要客家人沿袭先祖的文化习俗，养成了勤俭节约、诚实朴素、热情好客的良好习惯，客家文化韵味同样丰富深厚。

高要客家从福建、梅州等地而来，经过不断的迁徙，客家语言、风俗习惯、居屋建筑等与福建永定、梅州等地的客家也有所区别。就拿居屋建筑来说，梅州的客家居屋是围屋，福建客家的居屋是土楼，而高要客家的居屋却是"金字栋"式的春墙屋。墙是用红泥土、石灰、沙春制成，瓦是用黑三泥烧制，梁架和门窗都是用深山老杉做成的，天井是由千年古石铺成，门墩也是石制的。分"五间两大廊"和"三间两廊"两种。"五间两大廊"面积大概有200平方米，"三间两廊"也有120多平方米。有钱人家还请专人在"金字"上描龙画凤，或者用一些石米装饰门面。用现代科学分析，土墙土瓦吸热慢而散热快，加上屋顶部是木质架构，空间大且高度达5米多，通风条件好，这种客家居屋冬暖夏凉，很适宜山里人居住。

客家小山村

高要客家民居

高要客家民居

一座客家屋，除了瓦片是从外面弄回来的，其他如梁木、墙体都是就地取材。

我到过一座“五间两大廊”的客家民居，土瓦、黄泥墙。身临其境才真切感受到客家屋的凉快以及客家人特有的那种淳朴。我问屋主：“现在都进行泥砖房改造了，你为什么还要住在这样的泥砖房里呢？”屋主说：“儿子在城里买房了，我和老伴因为舍不得这里的山山水水和风土人情，都不愿意到城里住，还是山里好啊，空气清新，从早到晚大门敞开，人也舒坦。”

客家顺口溜，动人生活情趣

客家顺口溜是客家人特殊生活条件下的产物，在物质匮乏的年代，小孩没有玩具，大人们就会编一些顺口溜教小孩子。顺口溜用的是客家口语，念起来顺口，听起来顺耳，既有幽默感，又有深刻的含义，深受客家人喜爱。这些顺口溜现在还流传着呢。请听：

新娘出门

打掌仔，笑哈哈，
金狗仔，石榴花，
娶只阿嫂仔转外家，
正月去，二月转，
转来水缸无点水，
鸭麻担水，鹅洗菜，
鸡公砻谷狗踏碓，
马骝上树拗扎柴，
禽鼠（蟾蜍）烧火猫炒菜，
猫公偷吃噜倒嘴。

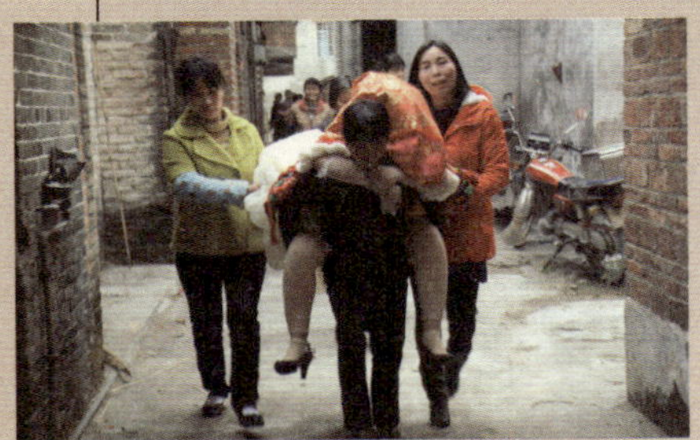
背新娘

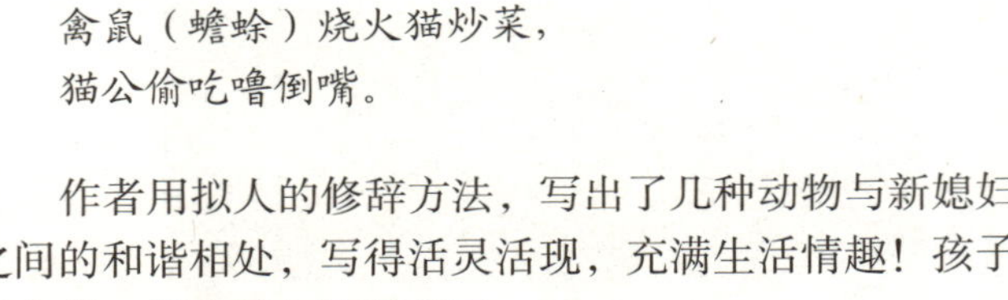

作者用拟人的修辞方法，写出了几种动物与新媳妇之间的和谐相处，写得活灵活现，充满生活情趣！孩子们念着，都会开心地闹着玩。

新郎迎亲

伯公坳上娶新娘，
娶只新娘矮笃笃，
煮只饭子香饽饽，
娶只新娘高天天，
煮只饭子臭尿轩。

这一则的大概意思是：长得矮的那个新娘煮的饭香喷喷，长得高的那个新娘煮的饭反而臭尿味，告诉人们凡事不要只看表面。

客家顺口溜源于生活，既反映了时代的背景，又彰显了当时人们对生活的美好向往和对真善美的追求，内涵丰富，意蕴悠长。

送妹出嫁

风物细语

「小有余芳酒一杯，水边亭子长莓苔。」邀三五知己，取华灯初上，到村头溪口便当。一把寻常白菜，几只豆蔻黄鸡，自是齿颊留香。走斝飞觞后，谁人能忘：那道呈祥龙虎凤，那煲壮阳牛鞭汤？

鱼中极品大湾麦溪鲤

找一个港湾，让一种鱼找到游不动水时最能亲近空气的归宿。

找一个美好的神话，为大湾麦溪、麦塘的水补充足够的硫磺碱性；找一个恰当理由，让野生小荸荠、麻慈籽、茆草等水生物和稻秆于独特之处安身；找一个确实关联着慈禧太后容颜的历史传说，让没有跳过龙门的乡村鲤鱼在原地赐封受赏。

"鱼中之王"，麦溪鲤！

"头细嘴小骨吐玉，身软肉嫩腹藏膏"，不求露脸于宫廷，只愿委身于麦溪麦塘这唯一家园，何等稀奇，何等淡定；不求身材苗条，但求珠圆玉润，何等自然，何等质朴。

麦溪鲤

任由炆、炖、焗、煮，嫩就是嫩，鲜还是鲜；任由隔水清蒸，无需添放姜、葱、酒，无需严格掌握火候，撒少许盐，佐几条陈皮丝，一样鲜甜如蜜、嫩滑似玉、甘香如兰。

麦溪鲤，鱼之极品。

嫩滑不腻的禄步香芋鲩

禄步，山麓加津渡。山麓，滋养着柑甜芋香；津渡，守护着西江黑鲩的春跃冬藏。

莫道他处水旺，还看禄步餐厅。

精心选一条身强体壮、20多斤的西江黑鲩鱼，去鳞，开肚，洗净，放入加有茶子柑皮、葱等作料的清水炆煮两三个钟头，再伴以当地的土特产香芋，一道大菜即成，甘香而不腻，嫩滑兼脆爽。

香芋鲩

千杯美酒，怎敌禄步香芋鲩余味绕舌的乡野经典？

莫水旺，一条永远不离村庄、不离烟火的旺水！

莲香扑鼻的大湾风味深窟藕

风味深窟藕

藕断丝断的，岂止是传说打包了的心中旧爱？

深深掩藏的，莫非是白蜡泥无解的窟外呓语？

取一节节依然古典的莲藕，放入具有浓郁现代工业气息的压力锅，煲上20分钟后，于中通处分开两半，切成2~3厘米厚的小块，再加适量生粉擦浴，像明星走穴一样走走油锅，涂上南乳、盐、味精，炒干水后，即可形如玉扣，色呈淡红，松香扑鼻，余味悠长。怪不得古西村举人翟储文任职山西蒲州府虞乡县时以此菜式招待乾隆皇帝后，乾隆皇帝便下令在"满汉全席"这一清廷最高"国宴"108件大小菜肴中，增加"风味深窟藕"这道佳肴。

"泥根玉雪元无染，风叶青葱亦自香。"原本洁似玉、白如雪的深窟藕，因为传说，因为历史，因为文化，盈盈款款于滚滚红尘中……

补肾益阳的横江狗肉

"狗肉锅里滚，神仙站不稳。"这俗语蕴含的，是一种仙风道骨，还是一种乡野情趣？

且问活道横江，直抵黄横心房。

活道横江，出了个黄横响当当。尽管没看见过岁月长成啥样，没稽查过白云籍贯何方，没陪伴过清风游历万象，但堂堂汉子黄横，硬是横下一颗心，仗着一身胆量，自我创制，远传狗肉的浓香，让狗肉的盛名至今依然醇爽。

选一条20斤以上不老不嫩的本地放养狗，对应肾、肝、胃、脾，或乌，或赤，或花，或白。用禾草把皮烤至黄而不焦；用文火把已切好、放在锅里的肉的水分煎干后，加入姜、蒜、葱、草果、芫荽、紫苏、甘草及当地的一些中草药等配料和适量的水炆煮40分钟；肉成，无需急，等焗二十多分钟后再起油锅，上餐桌。其四溢香味，引人垂涎不已。

如果再要上另一道菜式——"酿狗肠"（把狗的内脏、狗血及配料充填进狗肠里），定会在醇香之上多一种可口之味，在皮脆肉爽之中添一份凉喉之感。

出门一笑大江横。嘴馋的你，出门就来一下横江吧，吃一吃横江狗肉，包你从此笑傲江海。

鲜味浓郁的南岸鸡煲蟹

八跪而二螯之“水产三珍”，鲜而肥，甘而腻，白似玉，黄似金；二登而八趾之“走地凤凰”，嫩且滑，爽且实，如泉清，如稻香。

西江的毛蟹，乡下的走地鸡，与鹿茸、红枣、玉竹、枸杞、党参等共冶一炉，何其欢畅；十足的神气，十足的甜美，汇聚在一煲，何其大观；首创于江口渔民，荣兴酒家的李志荣对烹调技术进行多次改进，并不吝授徒传播，何其扬光！

刚端上桌时，尝到的是一口热腾腾的汤，品到的是鸡的鲜味；等吃饱了其他菜式再来一碗汤，尝到的则是蟹的鲜味了。这两鲜并一鲜，舌尖打转，香留过处，怎一个“美妙”了得？

用传统的方法，将鸡解决于无言之中；将蟹之腮、胃、心、肠除去，综合运用“闻、掰、吮、挖、夹、捅”六法，先吃蟹钳和蟹爪，然后再掀蟹盖，享用蟹膏，吃光蟹肉。这系列化的讲究，谁能说不是一种餐桌上的艺术享受？

“不到庐山辜负目，不食螃蟹辜负腹。”一肚子不合时宜的东坡居士，不仅合时宜地将肉研制成一种传承，而且将蟹吃成了一种守望、一份理想。

历史没有如果，现实中的你，还不赶紧邀上三五知己，立即前往南岸江口，要上一份“鸡煲蟹”，一边慢慢品尝当下的美味，一边娓娓叙说彼此的美好？

美味鸡煲蟹

香爽酥脆的白土金牌烧猪

白土金牌烧肉

谁能挡得住金黄的诱惑？谁会委屈自己开怀的胃口？

“斩肉不湿刀”，这不仅是一种绝活，也是一种特色。白土食品站，它不仅是成年生猪的最后归属，更是高要饮食业的一块金字招牌。

雄性，本地出产，体格适中（50～60公斤），肥瘦均匀，典型的相亲标准。

宰净之后，以五香粉、精盐、腐乳等酱料，以糖、蒜、酱油、汾酒腌制入味；用木柴为燃料，明炉烧作；烧制要求碱性，腌制、焗水、扎花、烧炙等工序均需做足，讲究火候得当；一头60公斤的猪烧到15公斤左右才宜出售。即宰即制，即制即售，即售即成菜，即上即食，典型的工艺程序。

表皮金黄酥脆，香糯而不腻口，肥肉入口即化，而瘦肉鲜嫩咸香，酥脆无渣，典型的快意享受。

无需明月一宿，只要小酒半斤，足以聊慰这不腻人生。

晶莹韧软的白土牛板筋

如果缺了冲菜，牛板筋就少了一种鲜甜香嫩；如果缺了牛板筋，冲菜就少了一股弹口韧劲。

如果刀功不济，手法不连，牛板筋就会易碎难软；如果火候不恰到好处，软硬适度的牛板筋就难以与油、姜、葱和本地雅瑶的大头冲菜“蒸蒸日上”。

冲菜蒸牛板筋

可白土师傅就是白土师傅，能变“如果”为“尽管”，能将简单的用料通过简单的“蒸”法，变成不简单的菜品，完成不简单的风味超越。

晶莹剔透，味厚醇和。垂涎三尺，不足为怪，不足为奇！

风味保健的布院牛鞭汤

味醇香浓，营养滋补，驰名远扬。牛鞭何须扬？尽管用来煲汤。

驻足布院饭店，看人选料加工，当下品尝此汤，自是神清气爽。

白诸镇牛鞭汤，其材料，包括牛鞭 1 条、牛尾 1 条、牛筋 1 副，配以巴戟、杜仲、生姜、红枣、枸杞等24种中药材。其做法，先取鲜牛鞭，用锐利尖刀插入孔内剖开洗净，并将牛尾、牛筋切去肥油，入沸水漂晾，撕去浮皮，刮净杂质，如此数次，直到没有气味、不沾油腥为止，然后将准备好的24种中药材与牛鞭、牛尾、牛筋一齐放入瓦煲内，加清水适量，武火煮沸后，文火煲4～5小时，调味供用。经精心熬制的牛鞭汤色香味俱佳，尤其是汤味醇浓，营养丰富，无丝毫油腻之柔滑，有万马奔腾之豪壮。

风味中求保健，保健中品风味。白诸布院牛鞭汤，声名自然远播大海重洋。

布院牛鞭汤

驱风强筋的莲塘龙虎凤

失去了正宗，焉能再失去传统？没有了野生，权且让养殖作个冠名。

在莲塘，被养殖的蛇、猫、鸡，经吴四苟认真经营，这大众化的“龙虎凤”一样发挥出它们合烹之后的神奇功力：驱风湿强筋骨，温补明目，滋阴补阳。

待秋风乍起，选3公斤左右的农村老猫、1公斤上下的本地雌鸡和尽可能大的剧毒蛇，从 7 公里外的深山引来一条清甜纯净的山泉水，好料好水好手，“乡情乐苑”做出来的，岂能不别有一番风味，别有一份尊贵？

莲塘龙虎凤

精工秘制的生态园柚皮

从家常中话出真谛，这是人生历练；从家常中品出真情，这是世象蒸蔚；从家常中吃出真意，这是凡尘况味。

平常柚子皮，秘制成佳肴。经生态园的厨师陈文东“秘制”之后，柚皮这道高要人饭桌上的家常菜便带出了不凡的味道：爽而带甘，惹味而不涩，咸中保留一点果酸，入口爽脆，嚼时多汁，还伴有一阵阵沙田柚果香……

选取黄色、皮厚的上品柚子皮，放沸水中煮两三分钟后沥水，既清走柚皮苦味，又不至于滚软，切片后加入面豉酱等28种配料调味，再蒸三四分钟即成。

生态园的生态秘制柚皮赢得肇庆市“十佳名菜”称号。柚皮的菜式除了清蒸柚皮外，还有肉碎蒸柚皮、柚皮扣等等。

站在广新农业生态园，回头的，不仅仅是梵化中依稀的岸，还有刚尝过秘制柚皮这道名菜的明白之客……

秘制柚皮